地域と日本の大問題を、
データとデザイン思考で考える。

人口減少
×
デザイン

筧 裕介

英治出版

2060年	2075年	2090年
68	55	45

2065年	2080年	2095年
64	51	42

2070年	2085年	
59	48	

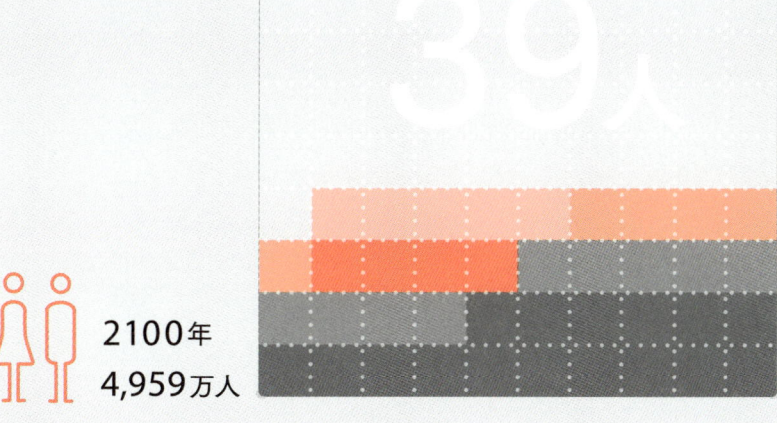

39人

2100年
4,959万人

はじめに

　人口減少問題にデザインが必要だ。約10年前、大学院博士課程に入りたての頃に漠然と浮かんだ思いが、この1年で急激に高まりました。

　そのきっかけが「地方消滅」という、2014年5月の日本創成会議の提言です。「2040年には全国1,800市区町村の半分が存続が難しい"消滅可能性都市"に」というショッキングな発表以来、人口減少問題は日本中で大きなトピックになりました。「この予測はどこまで正しいのか？」「実際はこんなに厳しくはないのではないか？」「人口が減ったからといって、本当に消滅するのか？」そんな声や議論があちこちから聞こえてきます。

　これから本格的に人口減少時代に突入する日本社会に一石を投じ、議論を巻き起こしたという意味で、この提言は大変有意義なものです。ただ、議論が混乱し、「地方創生」の名のもとに、その対策が闇雲に行われている現状に強い危機感を抱いています。

　この混乱の中、人口減少問題の解決に向けて、日本社会が、地方自治体が必要としているのが、「デザイン」という考え方です。私たちはデザインを次のように定義しています。

デザインとは
複雑な問題の本質を一挙に捉え、
そこに調和と秩序をもたらす行為。
美と共感で多くの人の心に訴え、行動を喚起し、
社会に幸せなムーブメントを起こす創造的行為。

　人口減少問題に対して、デザインができること、そして本書の目的は次の2つです。

1つめは、人口減少問題の本質を捉えることです。この問題は結婚、出産、家族、労働、住まい、経済、福祉、交通、国土計画等、人間の一生と国や自治体の政策に関する多くのことと関連しています。これらの複雑な要素が絡み合い、1つの大きな潮流が生まれ、人口が減るという現象に至っています。この複雑な構造の本質を捉え、わかりやすく伝えることがデザインの役割です。全章を通して、誰もが簡単で視覚的に理解できるビジュアルと言葉のデザインを心がけました。第1-3章が主に問題の本質を捉えるパートです。

　2つめは、地域に問題解決の行動を呼び起こすことです。問題の本質を理解し、その対応策を企画・実行する。そんな人口減少問題に対する前向きなムーブメントを地域社会に、日本全体に起こすことがデザインの役割です。皆さんのアクションに参考になるような具体的な提言とその人口に与える影響のシミュレーション（第4章）、問題解決のためのソーシャルデザインのプロセス（第5章）を紹介しています。

　本書では日本全体というよりも、個別の地域、市区町村単位にフォーカスしています。それは、地域によって人口減少の原因も進行具合も異なり、地域性を活かした対策が重要なためです。さらには、人口減少の先進地域である地方圏にこそ、問題解決の糸口が隠れており、画期的なアイデアが生まれる可能性があると私は信じているためです。

　人口減少は日本と地域の未来を根本的に変えうる巨大な社会問題です。この問題とどう向き合うかが未来を決めることになるでしょう。日本中で地域の未来と人口減少について議論する場が続々と生まれ、そこから本質的な問題解決につながるアクションが次々と始まる、そんな素晴らしい社会の実現に向けて、本書が議論のきっかけとなれば幸いです。

目次

はじめに ･･･ 004

第1章　人口減少への16の疑問とキーデータ

疑問だらけの人口減少 ････････････････････････････ 010
疑問1　人口はどれくらい減るの？ ････････････････ 012
疑問2　どのくらい子どもを産まなくなっているの？ ･･･ 016
疑問3　少子高齢化と人口減少はどういう関係なの？ ･･･ 018
疑問4　どこの人口が減るの？ ････････････････････ 020
疑問5　地方から大都市にどれくらい移動しているの？ ･･･ 024
疑問6　結婚しない人が増えているの？ ････････････ 028
疑問7　日本人の結婚離れが進んでいるの？ ････････ 030
疑問8　若者の恋愛離れが進んでいるの？ ･･････････ 032
疑問9　「出会いがない」から結婚しないの？ ･･･････ 034
疑問10　「お金がない」から結婚しないの？ ････････ 038
疑問11　結婚する時期が遅くなっているの？ ･･･････ 040
疑問12　夫婦あたりの子どもの数が減っているの？ ･･･ 042
疑問13　「お金がない」から産まないの？ ･･････････ 046
疑問14　子どもを産む時期が遅くなっているの？ ････ 048
疑問15　「不妊」に悩む夫婦はどのくらい増えているの？ ･･･ 050
疑問16　「子育て」と「仕事」の両立は難しいの？ ････ 052

第2章　人口減少のメカニズム

日本の人口はなぜ急減するのか？ ･････････････････ 056
人口減少の3大要因①　既婚率の低下 ･･････････････ 060
人口減少の3大要因②　夫婦あたり出生数の減少 ････ 062
人口減少の3大要因③　若年女性の絶対数の減少 ････ 064
地方圏から大都市圏への人口移動 ･････････････････ 068
人口の将来推計手法 ･･････････････････････････････ 076
（参考資料）シミュレーション条件 ･････････････････ 085

第3章　人口減少要因で見る地方自治体5タイプ

地域で異なる人口減少　　　　　　　　　　　　　　088
1720自治体の分類方法　　　　　　　　　　　　　　089
人口減少要因で見る地方自治体5タイプ　　　　　　　092
グループA　若者さよなら型　　　　　　　　　　　094
グループB　産み控え型　　　　　　　　　　　　　098
グループC　独身女性たくさん型　　　　　　　　　102
グループD　いない産まない型　　　　　　　　　　106
グループE　スローペース型　　　　　　　　　　　110

第4章　提言：人口減少問題へのアプローチ

人口減少のメカニズムと5つの提言　　　　　　　　116
提言1　女性中心の小さな経済をつくる　　　　　　119
提言2　縁を深めるローカルシステムを築く　　　　135
提言3　会社員女性をハッピーに　　　　　　　　　146
提言4　ふるさと愛を最大化する　　　　　　　　　162
提言5　非地位財型幸福をまちづくりのKPIに　　　175
人口減少対策の効果　　　　　　　　　　　　　　　187

第5章　人口減少問題解決の7ステップ

人口減少問題とソーシャルデザイン　　　　　　　　200

おわりに　　　　　　　　　　　　　　　　　　　　210
参考文献　　　　　　　　　　　　　　　　　　　　212

第1章

人口減少への
16の疑問とキーデータ

疑問だらけの人口減少

　日本の人口は、2008年をピークに既に減少し始めています。2015年現在ではまだまだゆるやかな減少ですが、このペースが今後加速し、急激に減少すると予測されています。
　どれくらいのペースで減少するのでしょうか？
　どこの人口がどのくらい減るのでしょうか？
　日本人は子どもを産まなくなっているのでしょうか？
　それはなぜでしょうか？
　わからないこと、疑問なことがたくさんあります。
　人口減少は、恋愛、結婚、出産といった日本人のライフスタイルに関することから、日本の地形、国土の利用、交通網などの日本の地域・都市計画に関すること、地域産業や雇用などの日本経済に関することまで、様々な領域と関連しているため、その全体像を理解するのが難しい問題です。
　しかし、21世紀の日本を襲う最大の社会変化であり、日本の将来に影響を与える、日本国民全員で考えるべき大切な問題です。
　第1章では、日本の人口減少に関する16の疑問に対して、その答えにつながるデータを見ながら、この難解な問題の理解を深めることとします。データはできるだけ視覚的にわかりやすい形で表現し、全体像を感覚的に理解できるように工夫しました。
　複雑で先がなかなか見通せない、広大な人口減少ワールドの探検の始まりです。

疑問

1　人口はどれくらい減るの？

2　どのくらい子どもを産まなくなっているの？

3　少子高齢化と人口減少はどういう関係なの？

4　どこの人口が減るの？

5　地方から大都市にどれくらい移動しているの？

6　結婚しない人が増えているの？

7　日本人の結婚離れが進んでいるの？

8　若者の恋愛離れが進んでいるの？

9　「出会いがない」から結婚しないの？

10　「お金がない」から結婚しないの？

11　結婚する時期が遅くなっているの？

12　夫婦あたりの子どもの数が減っているの？

13　「お金がない」から産まないの？

14　子どもを産む時期が遅くなっているの？

15　「不妊」に悩む夫婦はどのくらい増えているの？

16　「子育て」と「仕事」の両立は難しいの？

疑問 1 人口はどれくらい減るの？

　人口減少という話はよく耳にしますが、どの程度減るのでしょうか？　日本の人口は過去から現在までどのように推移し、今後どう変化するのでしょうか？

　日本の人口は鎌倉幕府成立時、すなわち1192年頃には800万人程度しかいませんでした。現在の愛知県（約744万人）とほぼ同じくらいです。その後、人口は増加し、江戸時代に3,000万人程度で均衡状態になりました。

　江戸時代は外国との交易が限られていた鎖国の時代です。国内で食糧、エネルギー等が全てまかなわれ、戦争もない安定していた時代です。国民の幸福度が極めて高かったとも言われています*。この時代に人口が均衡した3,000万人が、日本の適正人口ではないかという説もあります。

　その後、明治時代に突入し、急激なペースで増え始め、20世紀初頭に5,000万人だった人口は、わずか100年で2.6倍まで急増し、2008年に1億2,808万人とピークを迎えました。

　この人口が今後100年かけてほぼ同じペースで減少し、2100年には5,000万人を割ると予測されています。

＊ 江戸末期に来日したハリスやケンペルやオールコックも、日本人は豊かではないが皆が幸せに満ちていると語っている（井徳正吾『江戸時代をふりかえれば明日のビジネスがみえてくる』はまの出版、2003年12月）

日本の総人口の超長期推移（- 2100年）

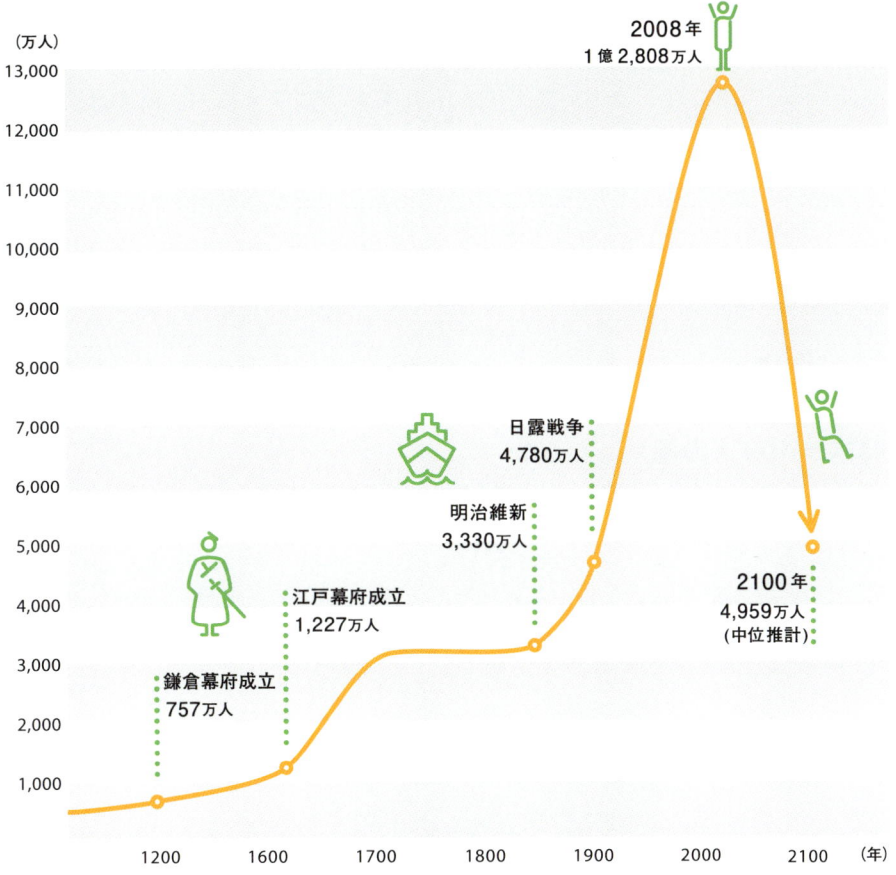

出典：国立社会保障・人口問題研究所「日本の将来推計人口」中位推計値（2012年1月推計）、国土庁「日本列島における人口分布変動の長期時系列分析」（1974年）

1　人口減少の16の疑問とキーデータ

下の図は2010年の日本の人口を100人とした場合の、2100年までの人口の推移と年代別構成を表したものです。2040年には84人、2070年には59人とほぼ半減し、2100年には39人と6割減の見込みです。

　この間、少子化と高齢化が同時進行します。23人だった65歳以上は16人と数は減りますが、比率は23％から41％まで上がります。15歳未満は13人から4人に、15-64歳は64人から19人にと、それぞれ3分の1以下になると予測されます。

日本が100人の国だったら？

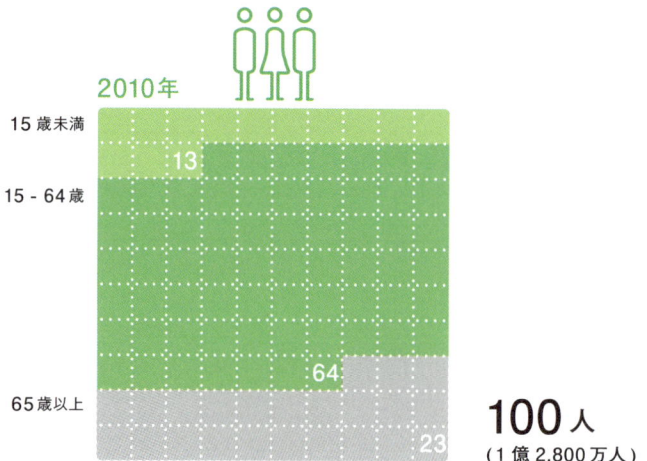

出典：国立社会保障・人口問題研究所「日本の将来推計人口」
出生中位（死亡中位）推計値（2012年1月推計）

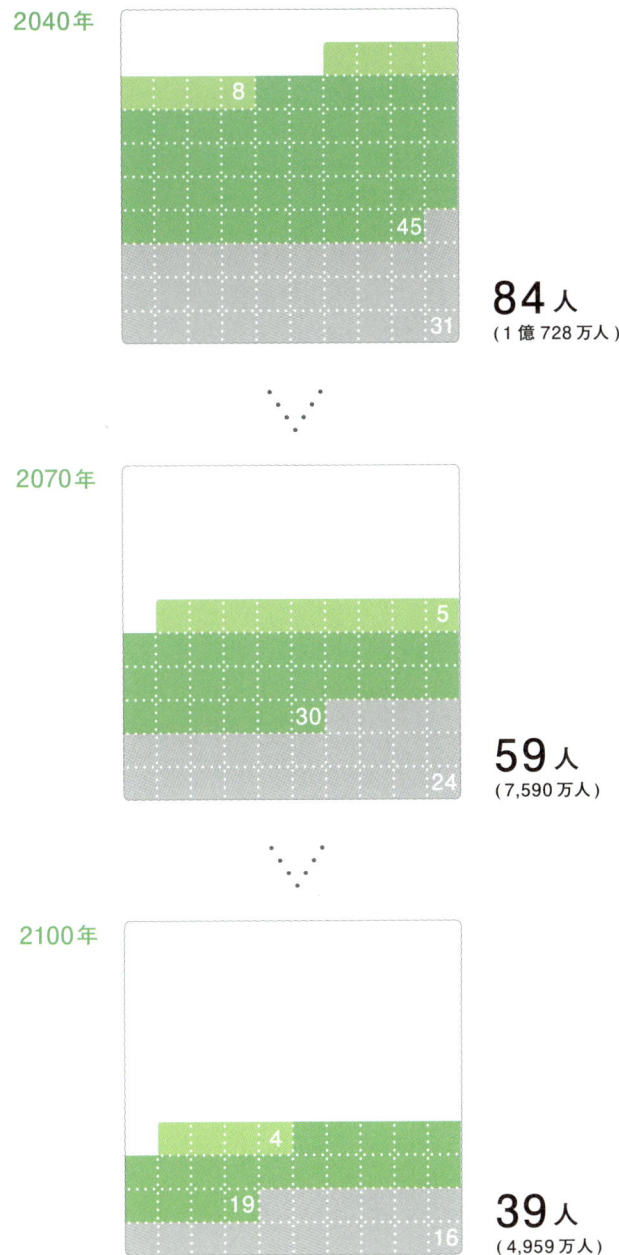

1 人口減少の16の疑問とキーデータ

疑問 2 | どのくらい子どもを産まなくなっているの？

* 女性が一生の間に何人の子どもを産むのか表した数値。15-49歳女性の年齢別出生率を足し、平均を出すことで算出される

**（右ページ図内）干支の1つ。干支は十干十二支の組み合わせで決まるが、丙午の年はその43番目にあたり、60年に一度訪れる。「この年に生まれた女性は夫を食い殺す」という、江戸時代から伝わる迷信の影響で、子どもを産むことは強く忌み嫌われた

続いて、よく耳にする「少子化」という現象です。

女性1人が一生で産む子どもの数を表す指標が合計特殊出生率*です。戦後直後の1947年には4.54人と女性1人が5人弱産んでいました。その後、10年間で急激に減った後、1950年代後半からは2.0人強で安定していました。

人口を安定的に維持するためには、合計特殊出生率が2.08人必要だと言われています。女性1人が一生で産む子どもの数ですから、男性の分と合わせて少なくとも2人産まないと人口は減少してしまうのです。

また日本の人口の増減には、ボリュームが大きい2つの世代が大きな影響を及ぼしています。1つは団塊世代と呼ばれる第二次世界大戦直後生まれの世代です。もう1つはこの世代の産んだ子どもを中心とした1970年代前半生まれの団塊ジュニア世代です。団塊ジュニア世代が生まれた第二次ベビーブームの末期、1973年より合計特殊出生率は低下し始め、2005年に最低の1.26人まで落ち込みました。その後は1.4人前後まで若干回復しましたが、人口を維持できる2.08人には程遠い低水準にとどまっています。

出生数と合計特殊出生率の推移 (1940年代 - 2010年)

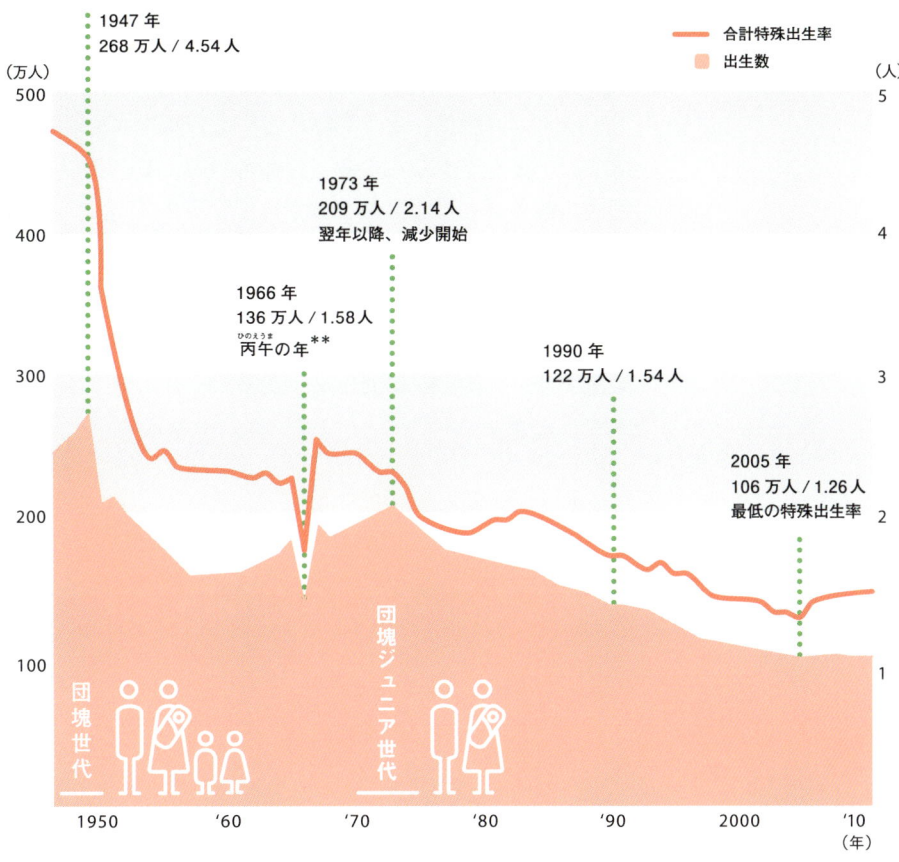

出典：厚生労働省「人口動態統計」（2013年）

疑問 3　少子高齢化と人口減少はどういう関係なの？

　少子化、高齢化、少子高齢化という言葉をよく耳にします。子どもが少なくなる、高齢者が増える、このことと人口減少はどんな関係なのでしょうか？

　右のグラフは1930年から2060年までの日本の総人口、15歳未満（子ども）人口、15-64歳（働き手）人口、65歳以上（高齢者）人口を表したものです。この４本のグラフの上下で、この130年間を５つのステージに分けることができます。

I [全増] 期　- 1950年
子どもも働き手も高齢者も、全ての年代の人口が増加している時期。

II [子ども減・高齢者増] 期　1950 - 1995年
働き手と高齢者が増え、子どもの数が減り始める時期。高度経済成長期（1945-1973）からバブル期（1986-1991）までの日本経済の好調期でもあり、少子化が既に始まっているものの、問題視されていなかった時代。

III [働き手減・高齢者増] 期　1995 - 2010年 *
働き手の人口も減り始め、高齢者比率が急激に高まる時期。総人口は増えており、少子高齢化という言葉が定着した。バブル崩壊後の「失われた十年」と言われる時期であり、働き手であり消費者である15-64歳人口の減少が経済の低迷につながったと言われる。

IV [人口減・高齢者増] 期　2010 - 2040年
子どもと働き手が減り、総人口の減少が始まるものの、高齢者人口は依然として増加し続ける時期。IIIから引き続き、高齢者比率が高まる。

V [全減] 期　2040年 -
子ども、働き手、高齢者いずれも減り、総人口が急激に減少する時期。

* 正確には、総人口のピークである2008年まで

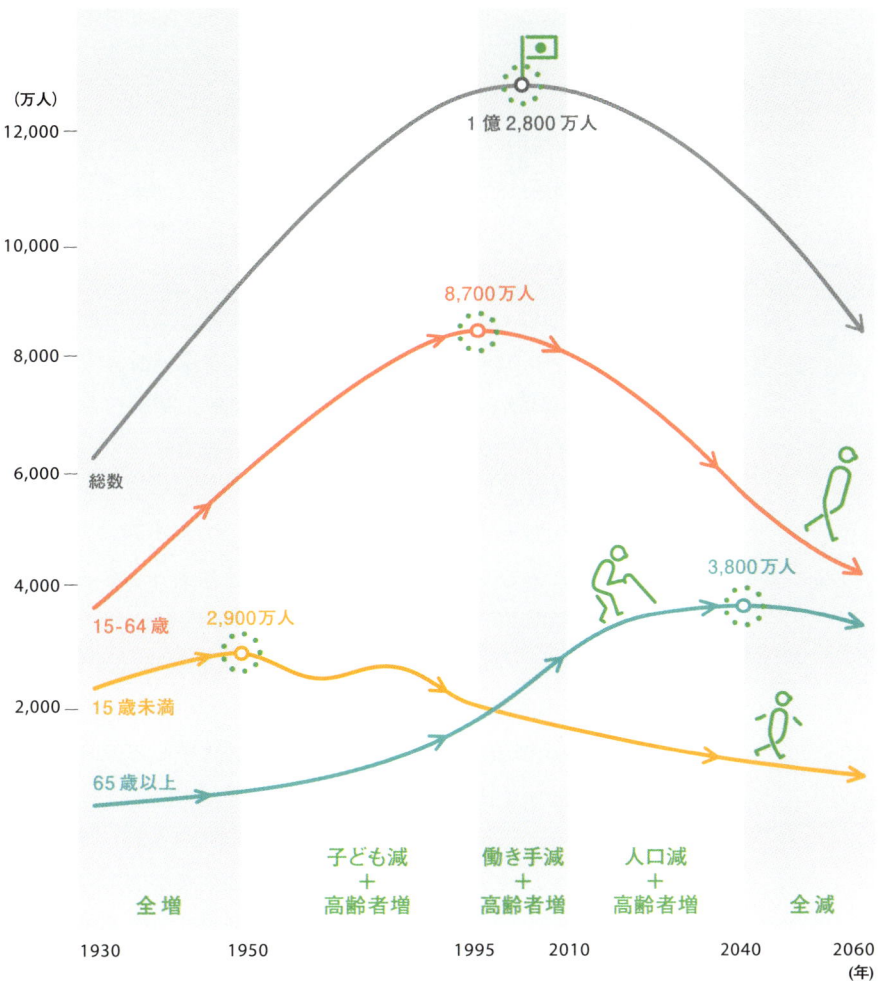

疑問 4 | どこの人口が減るの？

　人口減少は全国一律で起きているのでしょうか？
　減少のペースに地域差はあるのでしょうか？
　右の表は47都道府県を合計特殊出生率の大小で色分けしたものです。
　最も低いのは東京都の1.12人です。東京で暮らす女性は一生でほぼ1人の子どもしか産まない計算です。
　最も高いのは沖縄県の1.87人です。沖縄の女性は一生で約2人の子どもを産むということです。
　全体的に西日本が高い西高東低の傾向が見られます。
　出生数が少ない東京・大阪など、大都市圏がより人口減少が進むかというと、そんなことはありません。
　p.22は2050年の都道府県別人口の2010年比を表したものです。2020年には5自治体が、2030年には1自治体が2010年比でまだ増加という見込みですが、2050年には全47都道府県の人口が2010年と比較して減少しているという予測です。
　日本の都道府県対抗人口減少レース（p.22）は秋田が−47％でトップを走り、青森が−44％で2位、その後ろ−40％付近に岩手・山形・高知・和歌山が3位集団を形成しています。大半の自治体は−30％台、−20％台にかたまっており、少し離れた後方集団−10％台に東京・神奈川・愛知・滋賀の3大都市圏の自治体が位置しています。最後まで人口が増加し続けていた沖縄が唯一の一桁減少で最後尾を走っています。

都道府県別合計特殊出生率 (2013年)

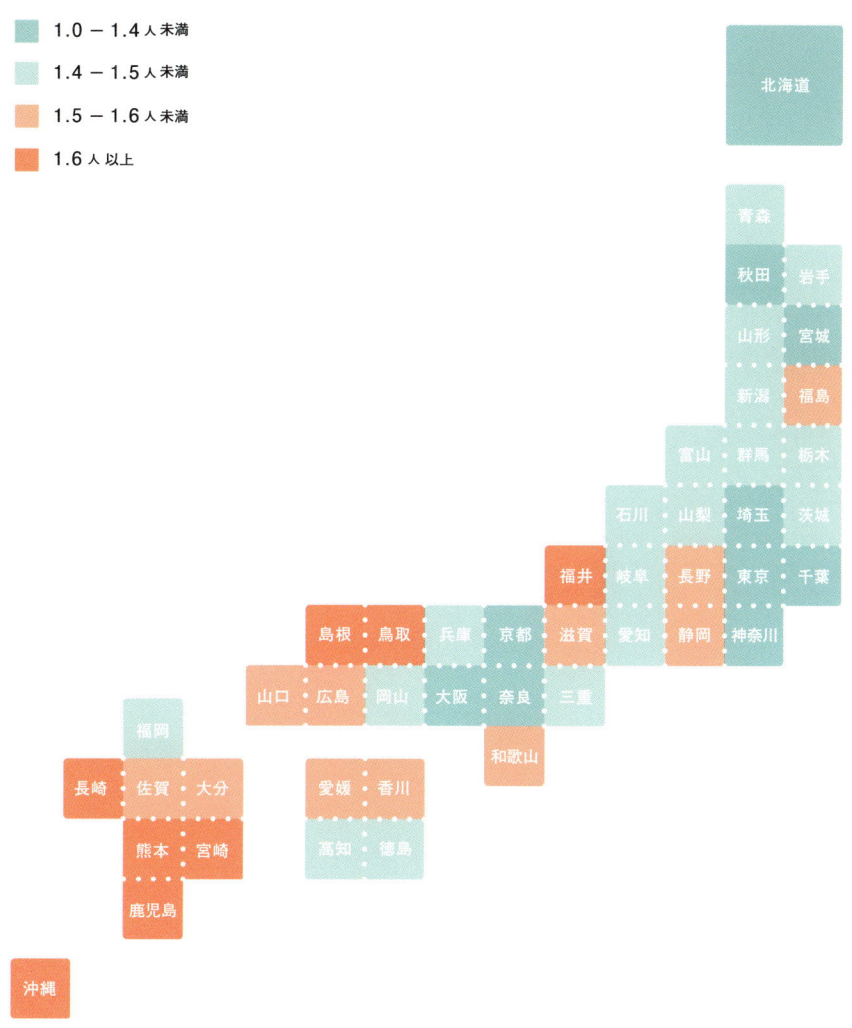

出典：厚生労働省「人口動態統計」人口動態統計年報 主要統計表（最新データ、年次推移）(2013年)

1　人口減少の16の疑問とキーデータ

2050年における都道府県別人口減少率（2010年比）

	2020年		2030年		2040年	
1	秋田県	-11.7%	秋田県	-23.8%	秋田県	-35.6%
2	青森県	-10.0%	青森県	-21.0%	青森県	-32.1%
3	高知県	-9.3%	高知県	-19.5%	高知県	-29.8%
4	岩手県	-9.3%	岩手県	-19.4%	岩手県	-29.5%
5	山形県	-9.1%	山形県	-18.8%	山形県	-28.5%
43	滋賀県	+0.2%	愛知県	-2.7%	神奈川県	-7.8%
44	愛知県	+0.4%	滋賀県	-2.5%	愛知県	-7.5%
45	神奈川県	+0.8%	神奈川県	-2.4%	滋賀県	-7.2%
46	東京都	+1.2%	東京都	-1.5%	東京都	-6.5%
47	沖縄県	+1.7%	沖縄県	+0.9%	沖縄県	-1.7%

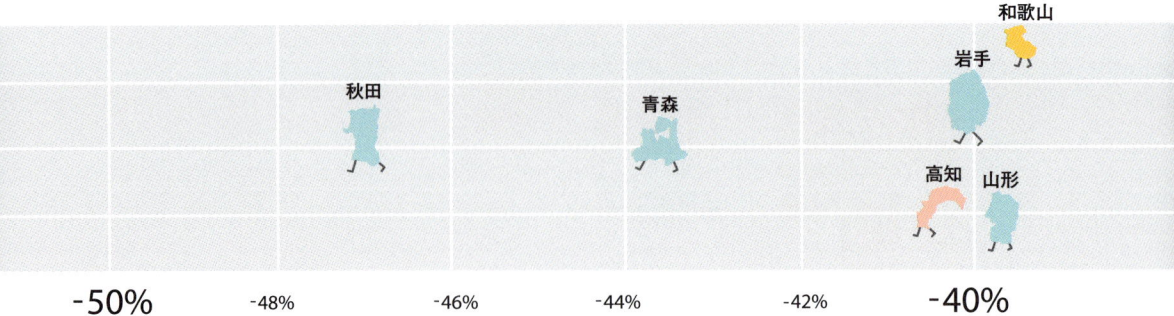

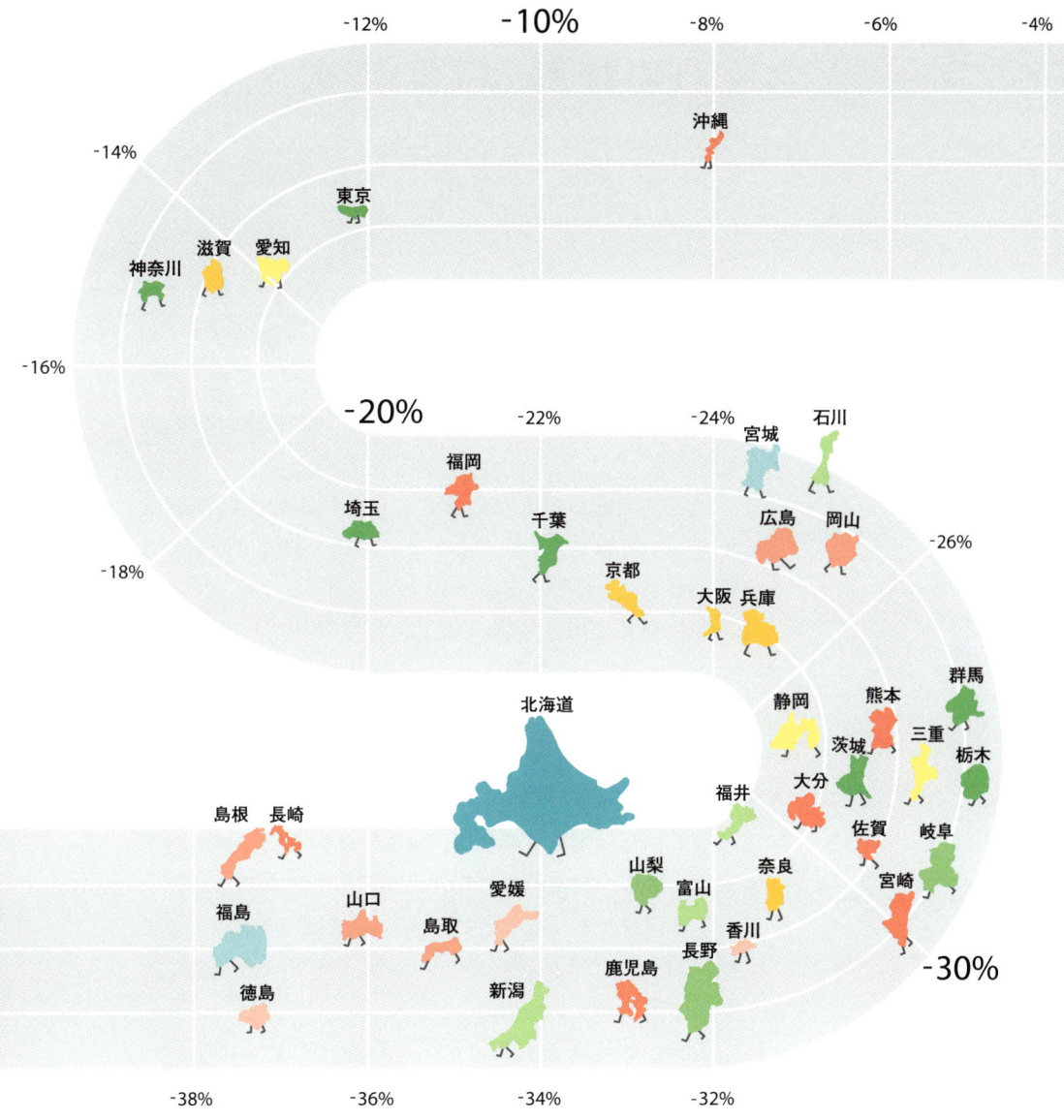

出典：国立社会保障・人口問題研究所「日本の将来推計人口」
中位推計値（2012年1月推計）

1　人口減少の16の疑問とキーデータ

疑問 5 | 地方から大都市にどれくらい移動しているの？

　地域によって人口の減少率に差が出るのは、主に人口の移動によるものです。都道府県間の人口移動が全くないと仮定すると、出生率の高い地域（沖縄、宮崎、鹿児島など）の人口が増え、出生率の低い地域（東京、北海道、宮城など）の人口が減ることになります。

　現実は全国から人が集まっている東京の人口が2020年頃まで増加する予測のように、人口の移動は地域の人口に大きな影響を与えます。

　2013年までの過去20年間に、東京には差し引き95万人が他道府県から転入してきました（転入超過数＝転入した人の数－転出した人の数）。これは現在の香川県の人口とほぼ同数です。

　他エリアからの転入により人口が増えているのは（＝社会増）、東京、神奈川、埼玉、千葉の首都圏と名古屋圏の愛知、関西圏の滋賀、九州の中心である福岡、そして移住者が増え観光が盛り上がる沖縄の8地域だけです。39地域は社会減、すなわち他エリアへの転出により人口が減っています。

　人がある地域から別の地域へ移動する最大の原因は「職」だと考えられています。地域産業の衰退、景気の悪化により、職を求めて大都市圏に人口が流入し続けています。

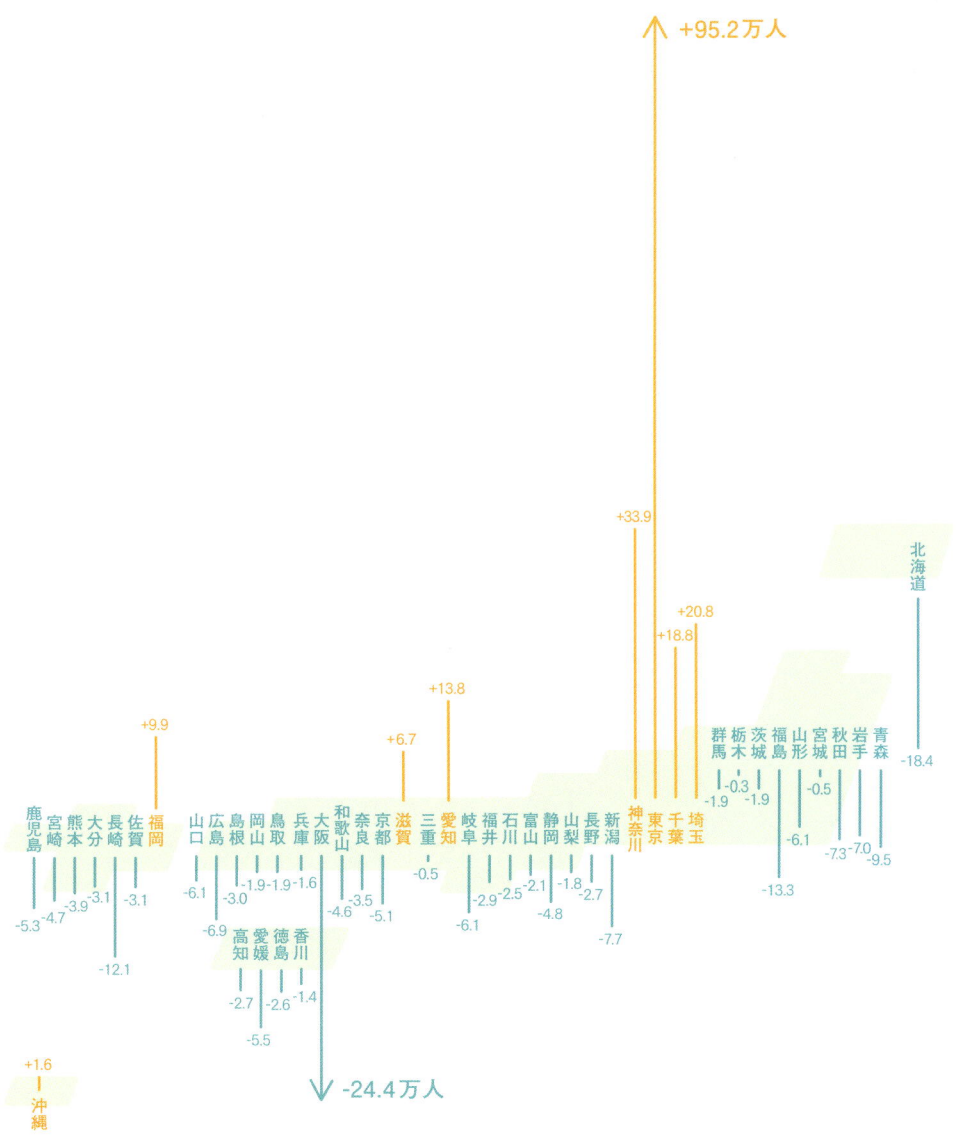

過去20年の都道府県別転入超過数 (1994-2013年)

出典：総務省「住民基本台帳人口移動報告」(1994-2013年)

1 人口減少の16の疑問とキーデータ

日本の人口は戦後一貫して、農村部から都市部、すなわち地方圏から大都市圏へと移動し続けてきました。なかでも人口移動が多い時期（人口移動期）と少ない時期（移動均衡期）に分かれます。

　最初の人口移動期は1973年までの高度経済成長期と呼ばれる時期です。1964年に東京オリンピック、1970年に大阪万博が開催され、東海道新幹線や東名高速道路が整備され、3大都市圏*中心に経済が成長し、労働力を必要とした大都市圏に地方圏から人が急激に流れ込みました。

　次の人口移動期は1993年頃までのバブル期前後の時期です。株式や不動産の価格が高騰し、首都圏中心に経済成長が続きました。

　最後の人口移動期が2000年以降現在までです。製造業拠点の海外移転などにより地方圏の経済が悪化した時期です。最初の2回の移動期が経済成長で雇用が豊富だった大都市圏が人材を吸い寄せるプル型の移動なのに対して、現在の移動期は地方圏に雇用が不足して大都市圏に出ざるをえないプッシュ型なのが特徴です。

　この移動期は2000年代末に一旦収束する兆しを見せましたが、2010年以降首都圏への人口移動が再加速しています。地方経済の衰退に加えて、首都圏での医療・介護人材のニーズ**、東京五輪に向けた建設需要の高まりなどが原因で、今後もこの傾向は続き、地方圏の人口減少に拍車をかけると予測されています。

*　首都圏（埼玉県・千葉県・東京都・神奈川県）、関西圏（京都府・大阪府・兵庫県・奈良県）、名古屋圏（岐阜県・愛知県・三重県）を合わせたグループ

**　1970年代に大量に東京に流入した1940年代生まれ世代（団塊世代）が70代に突入しつつあり、首都圏の医療・介護ニーズが急増している

3大都市圏と地方圏の人口移動 (1955 - 2013年)

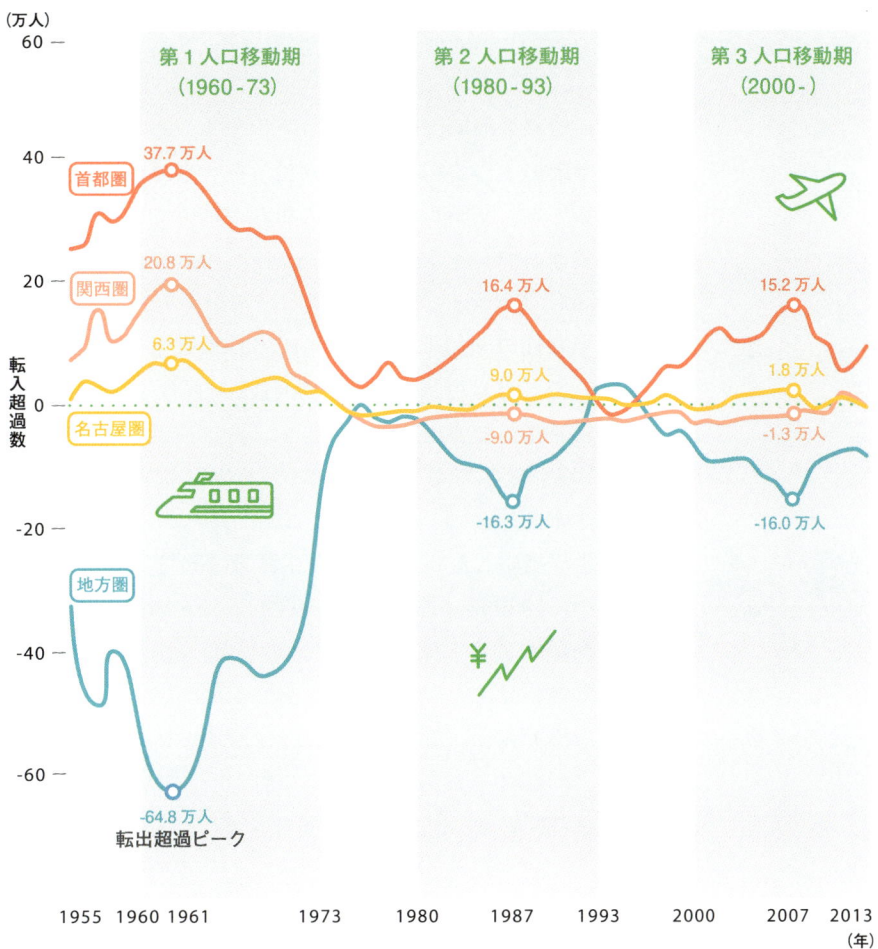

出典：総務省「住民基本台帳人口移動報告」(2011, 2013年)

1　人口減少の16の疑問とキーデータ

疑問 6 | 結婚しない人が増えているの?

　人口減少の原因の1つが少子化です。そして、少子化の原因の1つが結婚する人が減ったことです。周りを見渡しても、結婚しない独身の男女が増えていることは実感できるでしょう。

　20代後半男性の未婚率は46.1%から71.8%に、20代後半女性の未婚率は21.7%から60.3%にと約3倍に増えました。もはや男女ともに20代で結婚する人のほうが珍しい時代です。

　30代後半でも男性は35.6%と3人に1人、女性は23.1%と4人に1人は未婚です。

　生涯結婚しない人の比率（生涯未婚率*）も高まっています。1960年は男性1.3%、女性1.9%とほぼ全ての日本人が結婚する人生を選んでいました。それが2010年には男性20.1%、女性10.6%と男性5人に1人、女性10人に1人は結婚しない時代です。生涯未婚率は今後も上昇し、2030年には男性27.6%、女性18.8%に達するとも予測されています。

* 厚生労働省の定義では、50歳時点で一度も結婚をしたことのない人の割合

年齢別未婚率の推移 (1960 - 2010年)

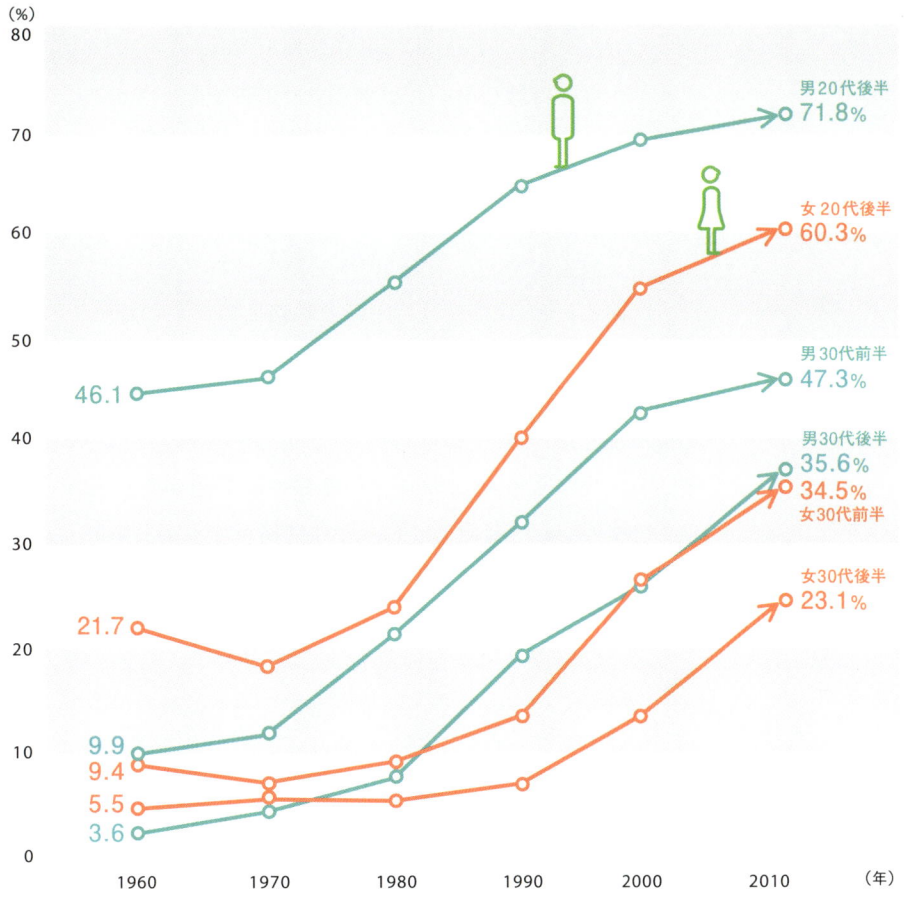

注：1960 - 1970年は沖縄県は含まず。
出典：国立社会保障・人口問題研究所「人口統計資料集」(2012年版)

疑問 7 | 日本人の結婚離れが進んでいるの？

なぜ結婚しない人が増えているのでしょうか？

一生独身で過ごす生き方が定着して、結婚しない人生を積極的に選択する人、結婚しないことを望む人が増えているのでしょうか？

過去30年間の独身男女（35歳未満）の「結婚する意思がある」人の比率は、若干減少傾向にあります。

しかし、男性は95.9％から86.3％に、女性は94.2％から89.4％にとそれほど急激に減少しているわけではありません。1990年代以降は9割弱の水準で横ばいです。

男女ともに10％ほどは結婚する意思がない人がいるものの、現在でも9割の男女は結婚する意思があるということで、日本人の結婚観が大きく変わったわけではなさそうです。

結婚観には大きな変化がないものの、結婚する人は減っているのです。なぜ結婚する人が減ったのか、その理由をもう少し深堀りしてみる必要がありそうです。

結婚意思がある独身男女の推移 （35歳未満・1982 - 2010年）

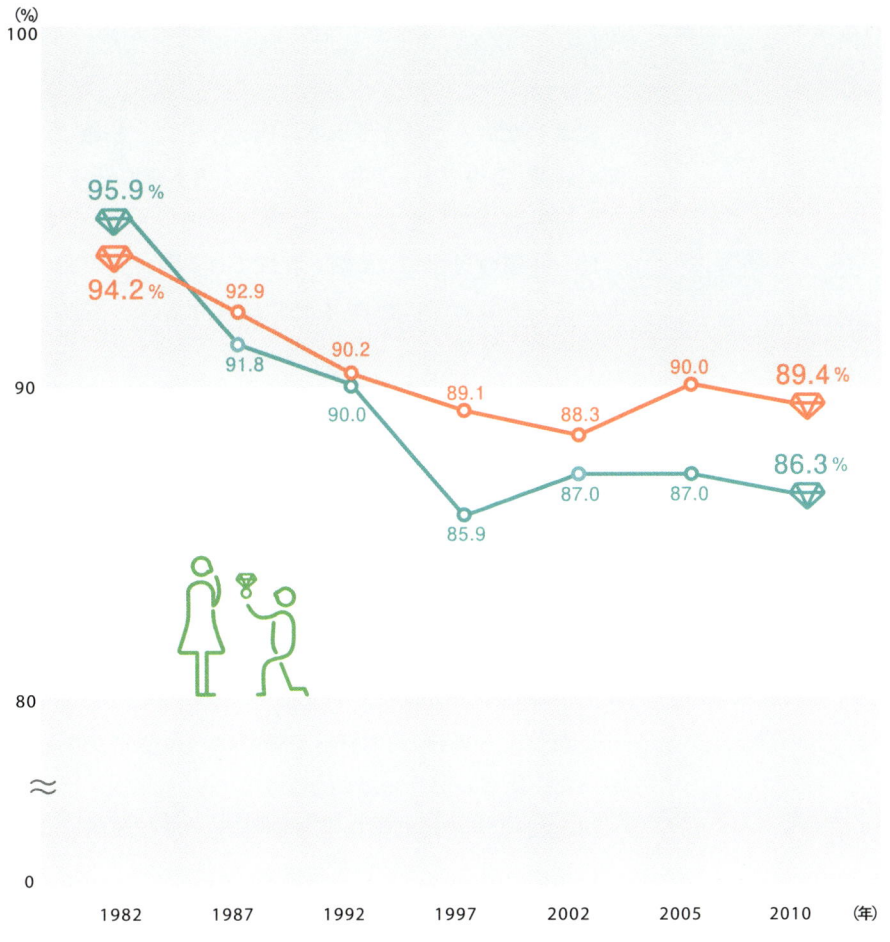

注：数字は「いずれ結婚しようと考えている」人の割合
出典：国立社会保障・人口問題研究所「第14回出生動向基本調査」
結婚と出産に関する全国調査：独身者調査（2010年）

1 人口減少の16の疑問とキーデータ

疑問 8 | 若者の恋愛離れが進んでいるの？

　結婚しない人が増えている原因の1つに、結婚に至る前の恋愛、おつきあいが減っていることがありそうです。交際相手がいない男女の比率が高まっています。

　18-34歳の男性では6割、女性では5割が交際相手がおらず、男女ともに約20年前の1992年と比べて10％以上増えています。

　30代後半の独身者は男女ともに7割が交際相手がいないようです。

　年代別に細かく見てみると、交際相手の有無はV字型を描くようです。

　10代後半では男女ともに交際相手がいない人が多数派です。20代前半、20代後半と年を重ねるにつれて、交際相手がいる人が増えていきます。20代女性の半数以上に交際相手がいるようです。

　しかし、その後30代前半以降では、急激に交際相手がいない比率が高まっていきます。

　20代で交際時に結婚に至らないと、30代以降に次第に恋愛から離れて、結婚する機会が減っていくという実態が見えてきます。

交際相手がいない独身男女の割合 (1992 - 2010年)

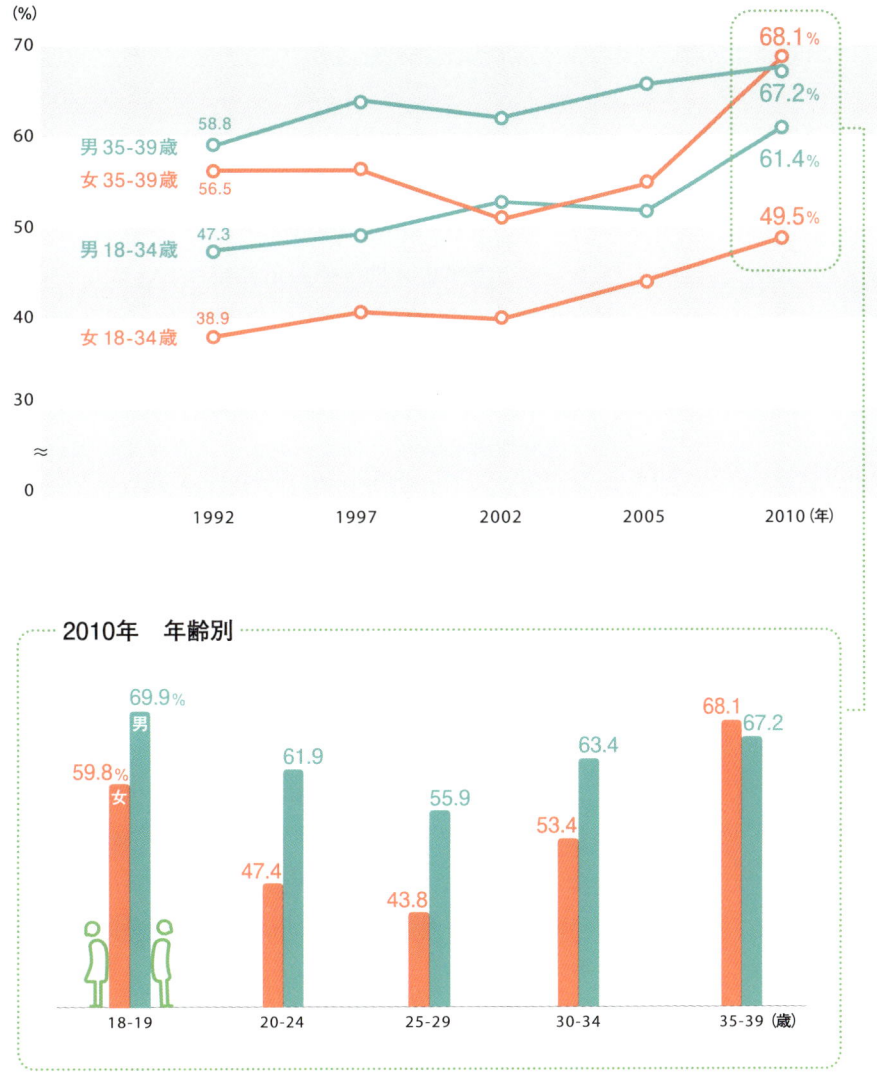

出典：国立社会保障・人口問題研究所「第14回出生動向基本調査」
結婚と出産に関する全国調査：独身者調査（2010年）

1　人口減少の16の疑問とキーデータ

疑問 9 | 「出会いがない」から結婚しないの？

　結婚しない人、交際相手がいない人が増えているのは、なぜでしょう？
　よく耳にするのは「出会いがない」という言葉です。
　しかし、若者の人間関係の量は増えているようです。異性の友人の数は、男性20代で10人から21人に、女性20代で7人から18人へと12年間で倍増しています。インターネットやSNSの普及で他人とつながる機会、自分の趣味や関心領域のコミュニティに所属する機会が増えています。つまり出会いの量自体は増えているのです。
　結婚につながる出会いがないのでしょうか？
　p.36のグラフは結婚に至った男女の出会いのきっかけです。1982年にはお見合いが3割を占めていましたが、今は5％にすぎません。職場や仕事での出会いも1997年と比べて減少しています。出会いの場が多様化しており、決まったパターンがなくなりつつあるようです。
　また、p.37は市町村別の20-44歳人口の男女比を表したものです。43.3％の自治体で男性人口が女性人口を、13.7％の自治体で女性人口が男性人口を5％以上、上回っています。人口の移動により男女バランスが崩れている自治体が多数あり、物理的に男女一方が余る事態が起きています。

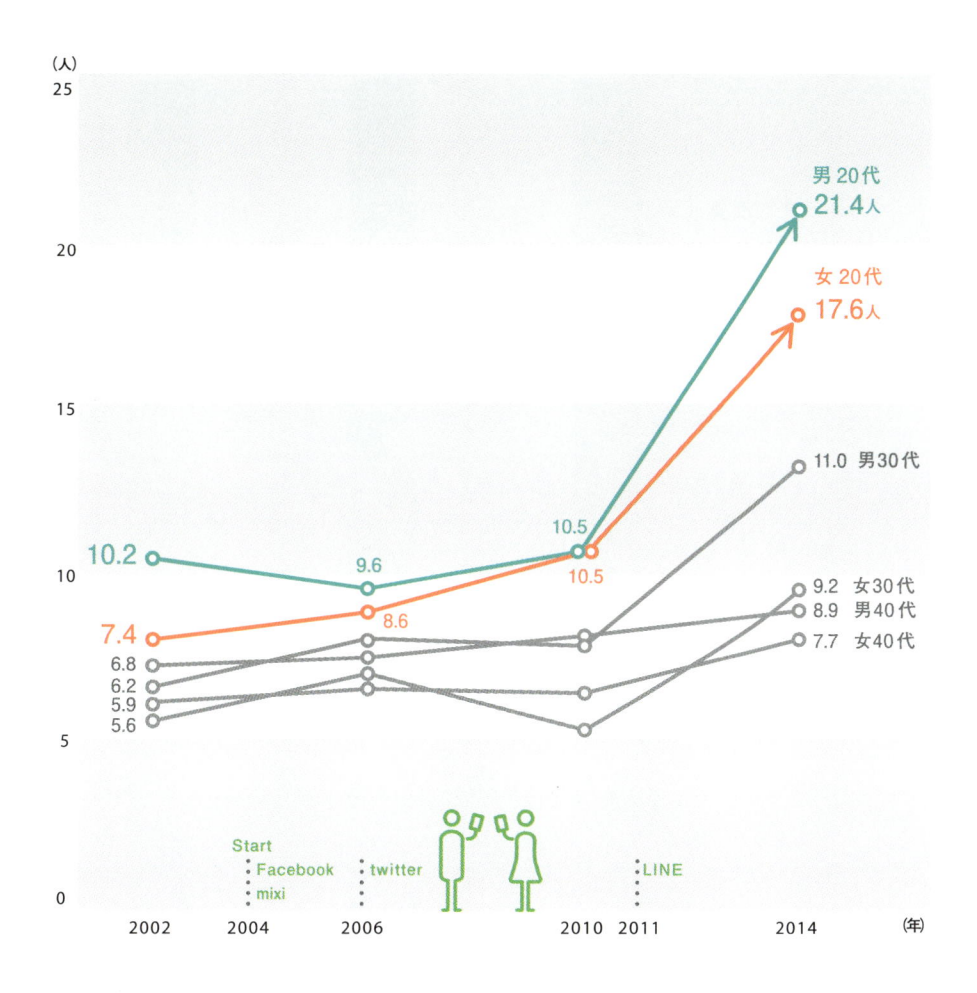

異性の友人数推移 (2002 - 2014年)

(人)

- 男20代: 10.2 (2002) → 9.6 (2006) → 10.5 (2010) → **21.4人** (2014)
- 女20代: 7.4 (2002) → 8.6 (2006) → 10.5 (2010) → **17.6人** (2014)
- 男30代: → 11.0 (2014)
- 女30代: → 9.2 (2014)
- 男40代: 6.8 → 8.9 (2014)
- 女40代: 6.2 → 7.7 (2014)
- その他: 5.9、5.6

タイムライン:
- 2004: Start Facebook / mixi
- 2006: twitter
- 2011: LINE

出典：博報堂生活総合研究所「生活定点」調査

1　人口減少の16の疑問とキーデータ

夫婦が出会ったきっかけ (1982 - 2010年)

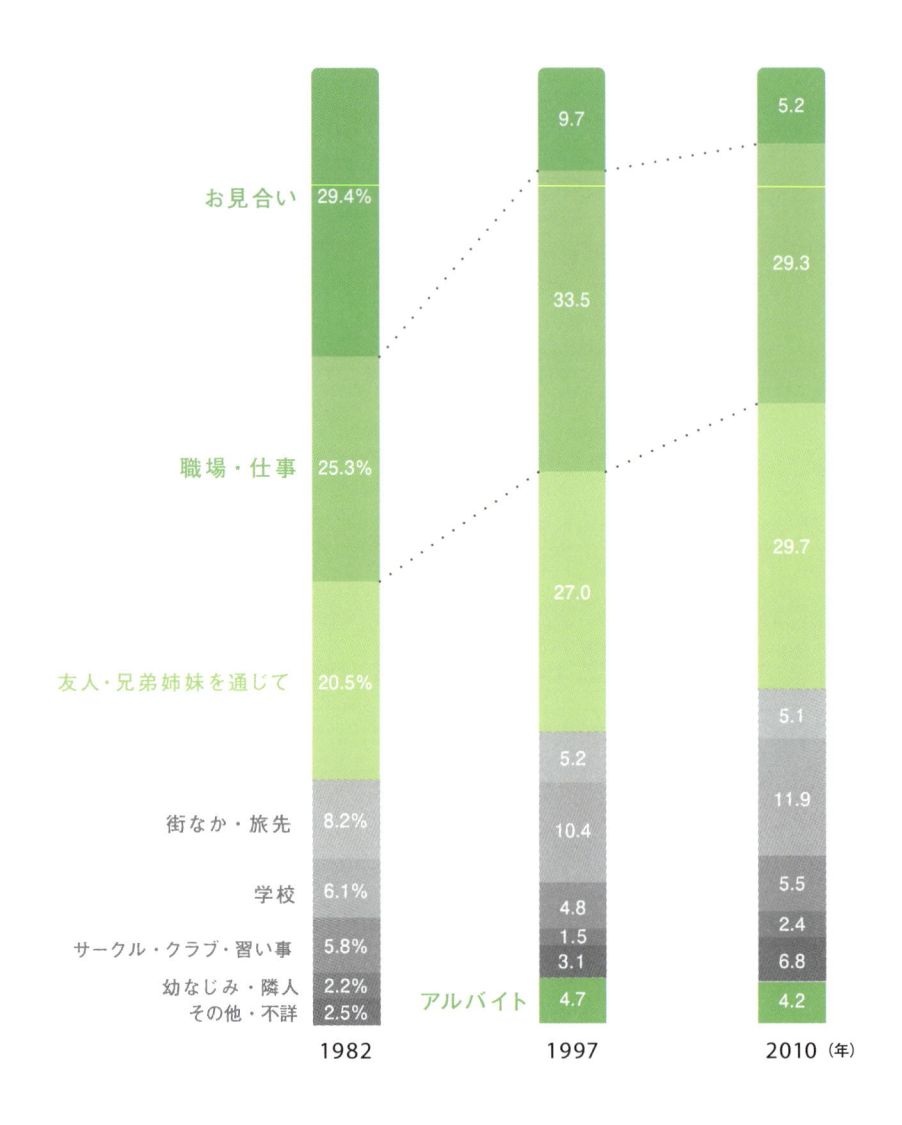

きっかけ	1982	1997	2010
お見合い	29.4%	9.7	5.2
職場・仕事	25.3%	33.5	29.3
友人・兄弟姉妹を通じて	20.5%	27.0	29.7
街なか・旅先	8.2%	5.2	5.1
学校	6.1%	10.4	11.9
サークル・クラブ・習い事	5.8%	4.8	5.5
幼なじみ・隣人	2.2%	1.5	2.4
その他・不詳	2.5%	3.1	6.8
アルバイト	—	4.7	4.2

注：対象は過去5年間に結婚した初婚同士の夫婦。見合い結婚とは出会いのきっかけが「見合い」「結婚相談所」の結婚。1982年調査は「アルバイト」を選択肢に含まない
出典：国立社会保障・人口問題研究所「第14回出生動向基本調査」結婚と出産に関する全国調査：夫婦調査（2010年）

市町村別 男女のバランス（20-44歳・2010年）

男性超過自治体
男性数が女性数を5％以上上回る自治体

男女均衡自治体
男女の人口差が5％未満の自治体

女性超過自治体
女性数が男性数を5％以上上回る自治体

	43.3%	43.0%	13.7%
	744自治体	740自治体	236自治体

男性数が女性数を上回るトップ10自治体

		超過数
1	東京都23区	64,410
2	横浜市	44,518
3	川崎市	34,534
4	豊田市	17,697
5	名古屋市	16,869
6	八王子市	12,812
7	さいたま市	11,964
8	川口市	11,834
9	相模原市	10,812
10	船橋市	9,544

女性数が男性数を上回るトップ10自治体

		超過数
1	札幌市	24,869
2	福岡市	23,791
3	神戸市	19,395
4	鹿児島市	13,618
5	大阪市	11,030
6	西宮市	9,731
7	熊本市	9,586
8	京都市	8,917
9	広島市	7,534
10	松山市	7,394

出典：総務省「国勢調査」（2010年）

疑問 10 ｜ 「お金がない」から結婚しないの？

　結婚しない理由を若い人に尋ねると、必ずあがるのが「お金がないから」という答えです。収入と結婚にはどんな関係性があるでしょうか？

　35歳未満の独身男女の年収別に結婚の意思を見てみると、男女ともに明らかな相関が見られます。

　独身男性の結婚意向率（「1年以内に結婚したい」「理想の相手なら1年以内に結婚してもよい」の合計）は年収100万未満では約3割ですが、300-500万未満では6割、500万以上では7割を超えます。

　女性も同様の傾向です。女性は全ての年収層で結婚意向率が男性を9-15%上回ります。年収にかかわらず、女性のほうが結婚意向が高いことがわかります。

　バブル崩壊やリーマンショック後の経済不況などにより、1990年代後半から現在まで、若い世代を中心に雇用は不足し、被雇用者の給与も減少傾向です。収入が不安定な非正規雇用者も増加しています。経済的な不安が結婚という人生の大きな決断を阻んでいることは多くの調査・研究からも明らかです。

年収別 独身男女の結婚意思 (2010年)

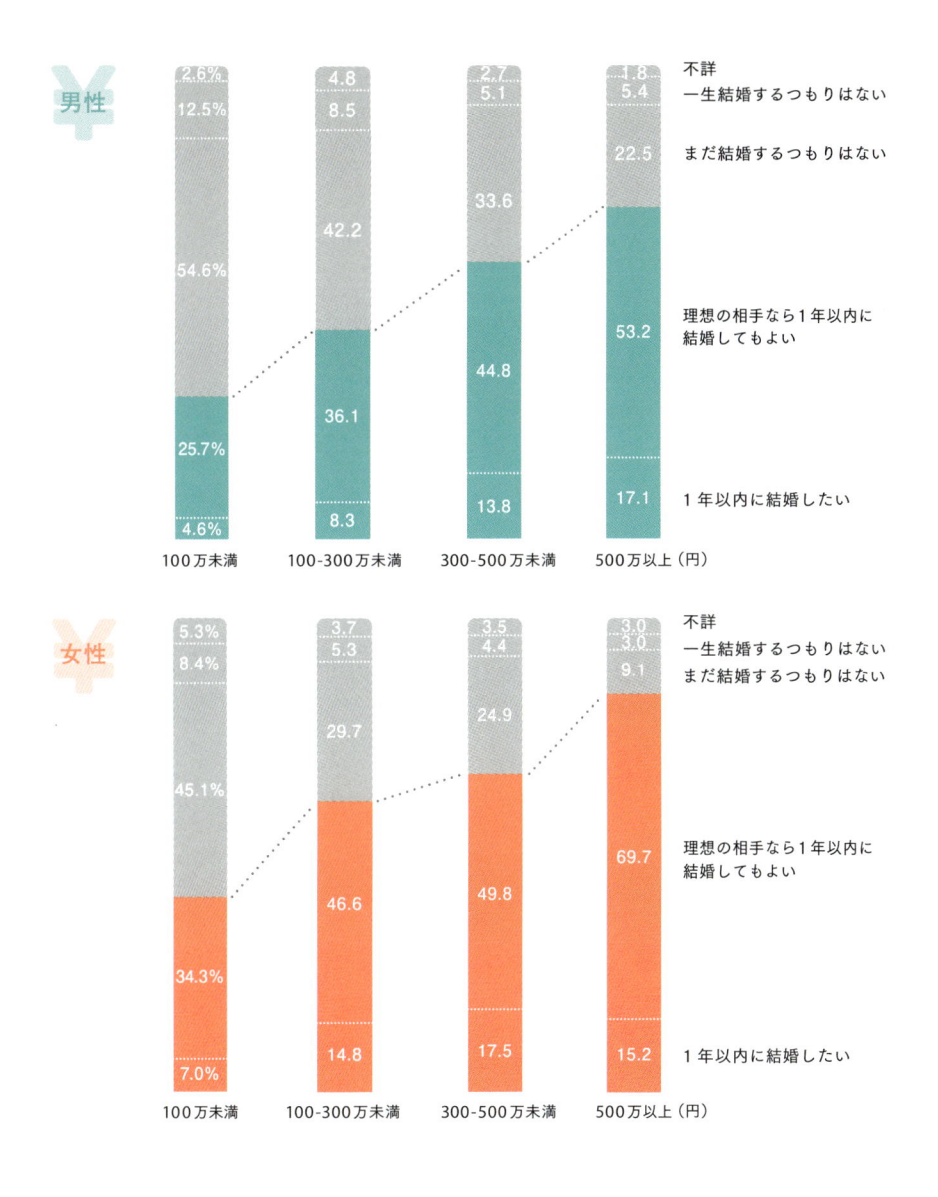

男性

年収	1年以内に結婚したい	理想の相手なら1年以内に結婚してもよい	まだ結婚するつもりはない	一生結婚するつもりはない	不詳
100万未満	4.6%	25.7%	54.6%	12.5%	2.6%
100-300万未満	8.3	36.1	42.2	8.5	4.8
300-500万未満	13.8	44.8	33.6	5.1	2.7
500万以上 (円)	17.1	53.2	22.5	5.4	1.8

女性

年収	1年以内に結婚したい	理想の相手なら1年以内に結婚してもよい	まだ結婚するつもりはない	一生結婚するつもりはない	不詳
100万未満	7.0%	34.3%	45.1%	8.4%	5.3%
100-300万未満	14.8	46.6	29.7	5.3	3.7
300-500万未満	17.5	49.8	24.9	4.4	3.5
500万以上 (円)	15.2	69.7	9.1	3.0	3.0

出典：国立社会保障・人口問題研究所「第14回出生動向基本調査」
結婚と出産に関する全国調査：独身者調査（2010年）

1　人口減少の16の疑問とキーデータ

疑問 11 | 結婚する時期が遅くなっているの？

　結婚しない人が増えていることに加えて、結婚する時期が遅れている、晩婚化も出生数が減少している原因の1つです。
　右図は1987年から2010年までの男女別の既婚者の平均出会い年齢と初婚年齢を表したものです。
　この図から色々と面白いことがわかります。
　出会いの年齢は、男性は25.7歳から25.6歳とほぼ変わりませんが、女性は22.7歳から24.3歳へと1.6歳遅くなっています。
　また、出会ってから結婚するまでの期間が長期化しています。女性は平均2.6年から4.2年と1.6年も長くなりました。出会いも遅くなり、交際期間も長くなった結果、女性の初婚年齢は25.3歳から28.5歳へと3歳以上遅くなりました。
　男性は出会いの年齢はほとんど変わりませんが、交際期間が2.5年から4.2年へと長期化したことで、初婚年齢が1.6歳遅くなり、ほぼ30歳になりました。
　女性の晩婚化は身体的な面で子どもを産む数、産める数を制限することにつながります。

平均初婚年齢の推移 (1987 - 2010年)

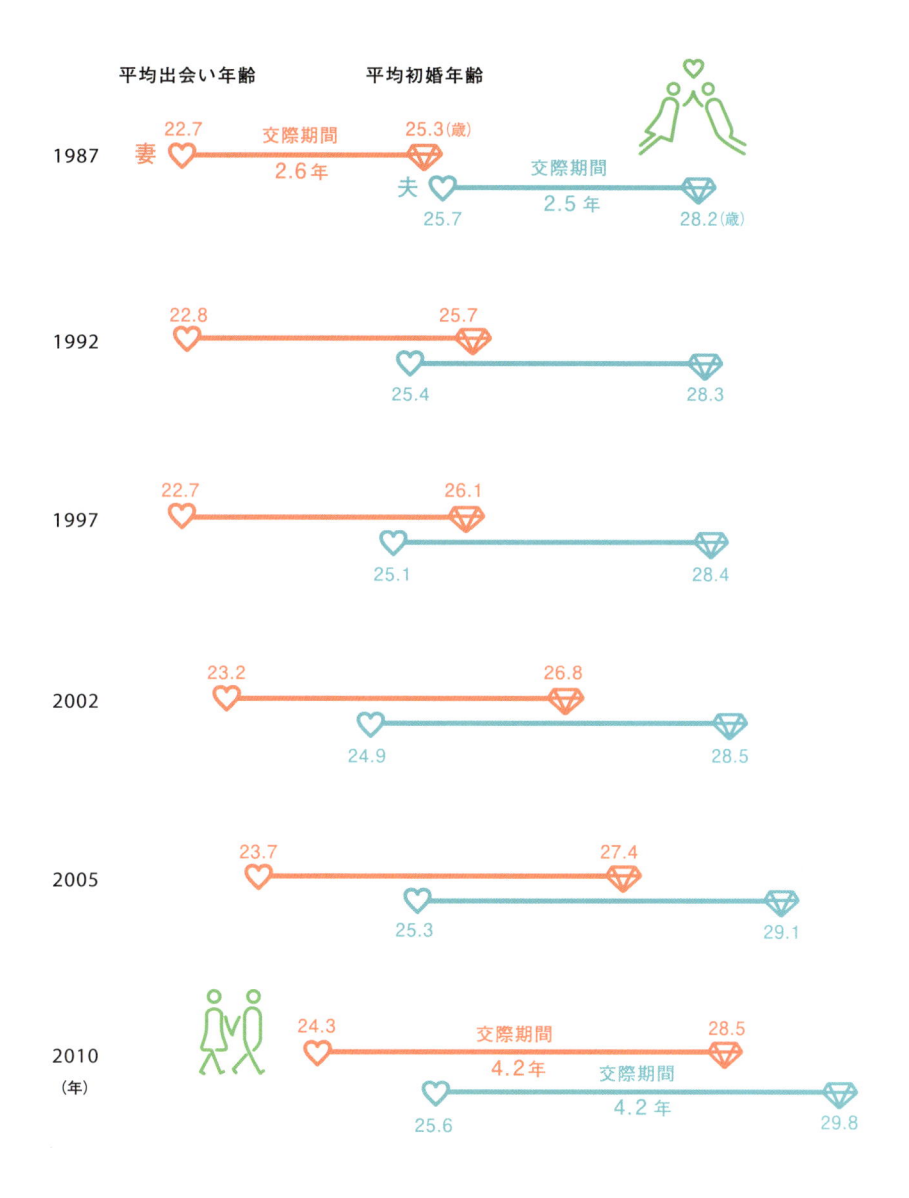

	平均出会い年齢	平均初婚年齢	

1987
- 妻: 22.7 — 交際期間 2.6年 — 25.3(歳)
- 夫: 25.7 — 交際期間 2.5年 — 28.2(歳)

1992
- 妻: 22.8 — 25.7
- 夫: 25.4 — 28.3

1997
- 妻: 22.7 — 26.1
- 夫: 25.1 — 28.4

2002
- 妻: 23.2 — 26.8
- 夫: 24.9 — 28.5

2005
- 妻: 23.7 — 27.4
- 夫: 25.3 — 29.1

2010
- 妻: 24.3 — 交際期間 4.2年 — 28.5
- 夫: 25.6 — 交際期間 4.2年 — 29.8

注：対象は過去5年間に結婚した初婚同士の夫婦
出典：国立社会保障・人口問題研究所「第14回出生動向基本調査」
結婚と出産に関する全国調査：夫婦調査（2010年）

疑問
12 | 夫婦あたりの子どもの数が減っているの？

周りに一人っ子の家庭が増えたような気がします。DINKS（Double Incom No Kids）と呼ばれる子どもがいない共働き夫婦の話がマスコミ等で話題にあがります。

結婚した夫婦が産む子どもの数が減っている印象がありますが、実際のところはどうでしょうか？

完結出生児数*という統計によると、夫婦あたりの子どもの数は1972年には2.20人だったものが、最新の調査年である2010年には1.96人と2人を割りました。確実に減っています。

しかし、p.44のデータのとおり未だに約8割の夫婦が2人以上の子どもを持っており、夫婦あたりの出生数が激減しているわけではありません。

理想の子どもの数（p.45）も1982年の2.62人から2.42人と若干減少していますが、2〜3人子どもを持ちたいというのが今も昔も変わらない夫婦の思いなのです。しかし、現実的に予定している子どもの数は2.07人に留まっており、現実と理想の間にギャップがあります。経済的な理由、身体的な理由などで理想の子どもの数をあきらめざるを得ない夫婦の現状が見えてきます。

* 結婚している夫婦が、最終的に何人の子どもを産むのか表した数値。結婚して15-19年目の夫婦の平均出生児数を足し、平均を出すことで算出される

完結出生児数の推移 (1940 - 2010年)

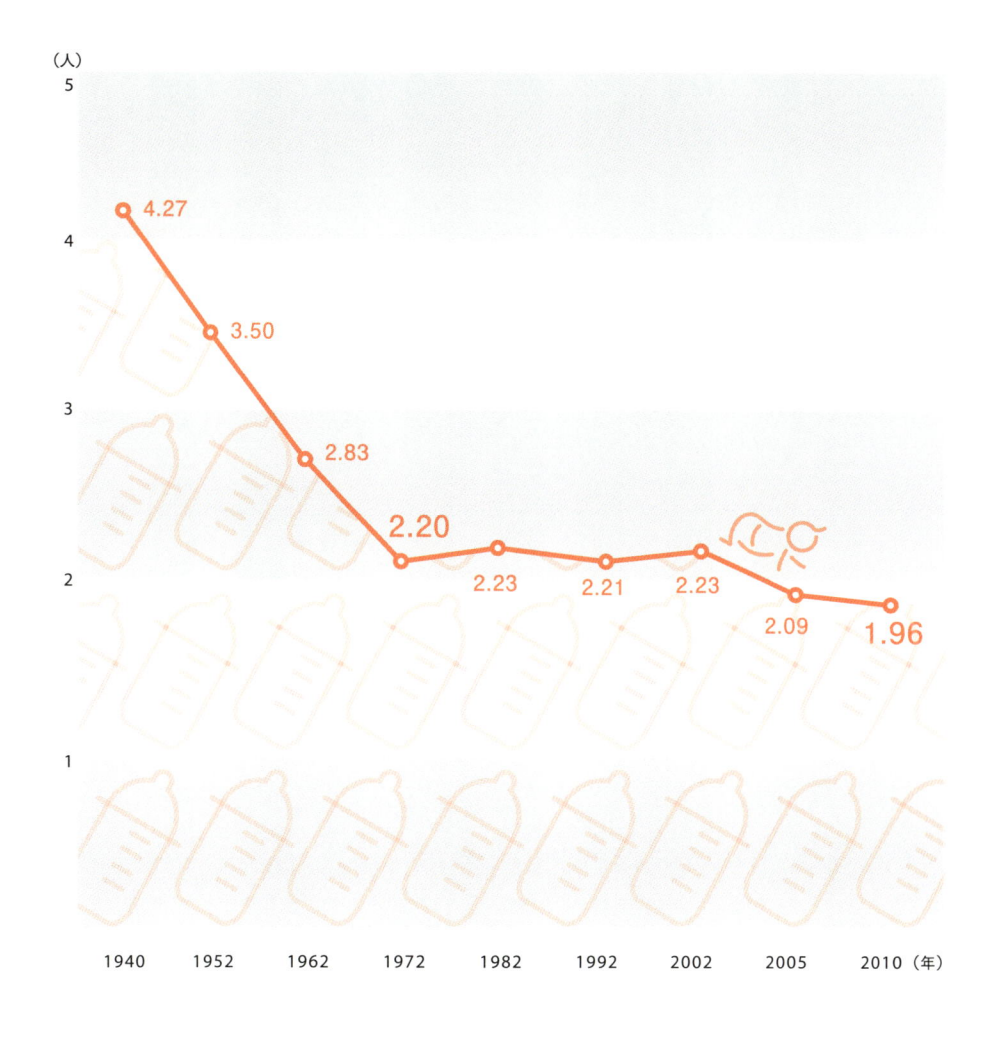

(人)

- 1940: 4.27
- 1952: 3.50
- 1962: 2.83
- 1972: 2.20
- 1982: 2.23
- 1992: 2.21
- 2002: 2.23
- 2005: 2.09
- 2010: 1.96

出典：国立社会保障・人口問題研究所「第14回出生動向基本調査」
結婚と出産に関する全国調査：夫婦調査（2010年）

子どもの数の構成比 (1977 - 2010年)

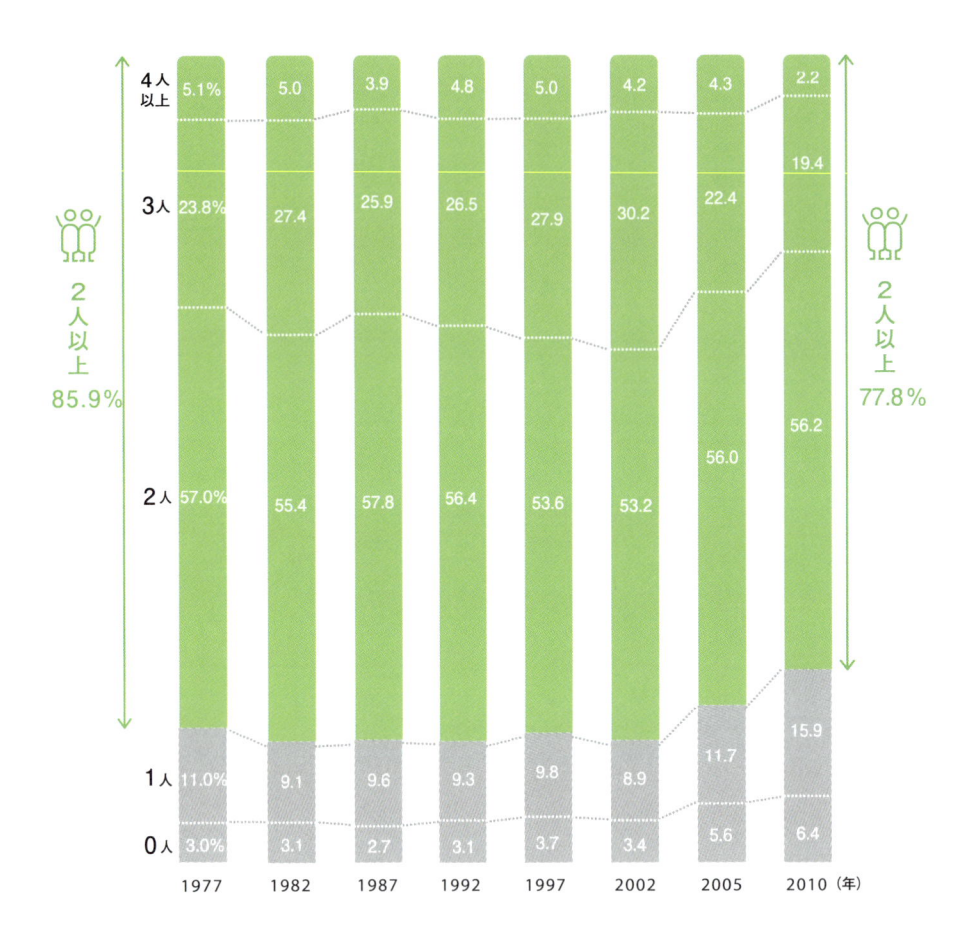

年	0人	1人	2人	3人	4人以上
1977	3.0%	11.0%	57.0%	23.8%	5.1%
1982	3.1	9.1	55.4	27.4	5.0
1987	2.7	9.6	57.8	25.9	3.9
1992	3.1	9.3	56.4	26.5	4.8
1997	3.7	9.8	53.6	27.9	5.0
2002	3.4	8.9	53.2	30.2	4.2
2005	5.6	11.7	56.0	22.4	4.3
2010	6.4	15.9	56.2	19.4	2.2

2人以上 85.9%

2人以上 77.8%

出典：国立社会保障・人口問題研究所「第14回出生動向基本調査」
結婚と出産に関する全国調査：夫婦調査（2010年）

夫婦の理想子ども数と予定子ども数の推移 (1982 - 2010年)

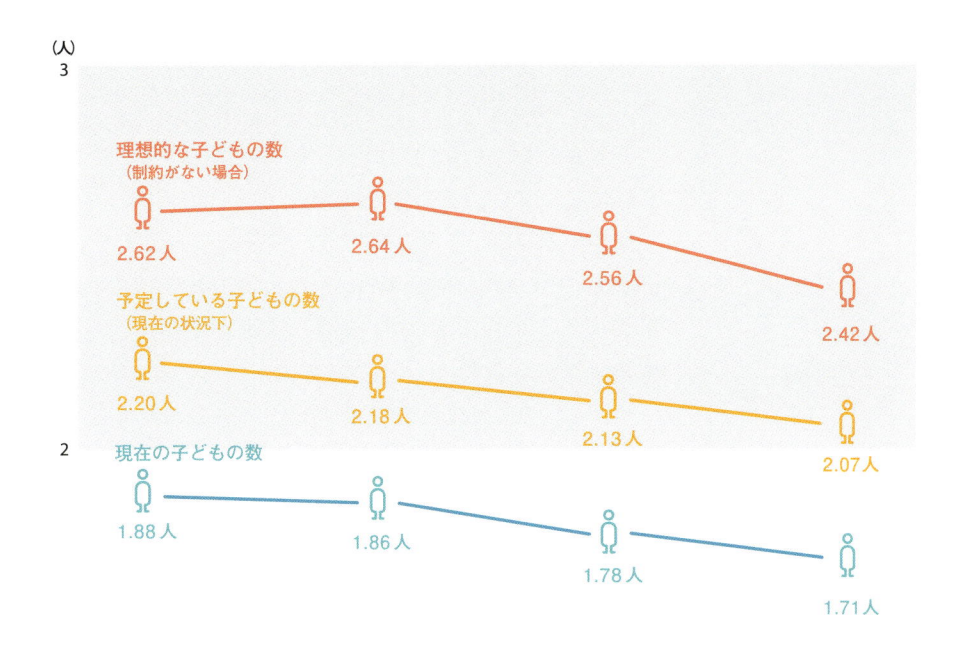

(人)

理想的な子どもの数（制約がない場合）
- 1982: 2.62人
- 1992: 2.64人
- 2002: 2.56人
- 2010: 2.42人

予定している子どもの数（現在の状況下）
- 1982: 2.20人
- 1992: 2.18人
- 2002: 2.13人
- 2010: 2.07人

現在の子どもの数
- 1982: 1.88人
- 1992: 1.86人
- 2002: 1.78人
- 2010: 1.71人

出典：国立社会保障・人口問題研究所「第14回出生動向基本調査」
結婚と出産に関する全国調査：夫婦調査（2010年）

疑問 13 | 「お金がない」から産まないの？

　子どもをつくらない理由として「お金がない」という声も耳にします。

　世帯年収300万未満の層では、最終的につくる予定の子どもの数は0人が19.0％、1人が28.0％を占めます。年収が高くなるにつれて、2-3人比率が上がり、0-1人比率が下がります。

　しかし、500万以上の層では2人、3人、4人以上の比率はほぼ一定です。逆に1,000万以上になると、再度3人の比率が下がり、0人の比率が上がります。

　子どもの人数は投資とリターンの関係性で決まるという理論があります。人は子育てにかけるコストと子どもから得られる便益（子育ての喜びや老後のサポートなど）を比較し、便益がコストを最も上回る子どもの数を選択するという考え方です。「子どもは可愛いからもう1人欲しい」、「でも子育ては大変だし、教育費もかかる」、そんな損得判断で決まるということです。

　高収入層の場合、子どもにかける教育費が高いため、子どもの数を増やすことによるコストが便益を上回り、2-3人目を控える傾向があるという研究も見られます。

　収入の格差が少なく、多くの人が安定した収入を得られる社会の実現が、出生率向上につながりそうです。

世帯収入層別 予定している子ども数 (2014年)

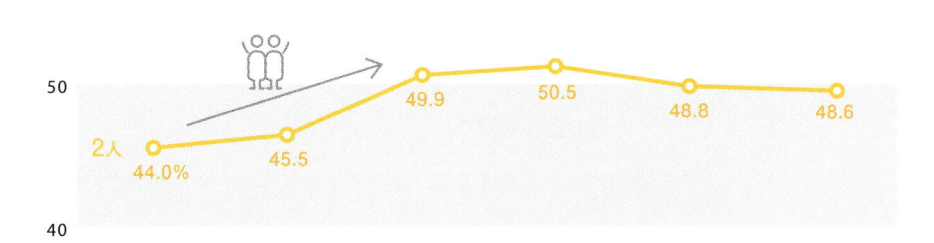

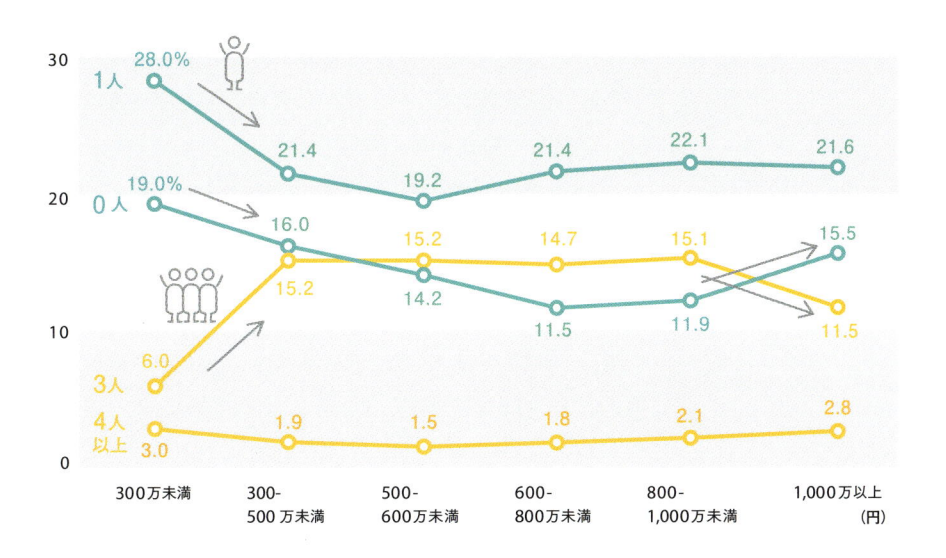

世帯収入	300万未満	300-500万未満	500-600万未満	600-800万未満	800-1,000万未満	1,000万以上
2人	44.0%	45.5	49.9	50.5	48.8	48.6
1人	28.0%	21.4	19.2	21.4	22.1	21.6
0人	19.0%	16.0	14.2	11.5	11.9	15.5
3人	6.0	15.2	15.2	14.7	15.1	11.5
4人以上	3.0	1.9	1.5	1.8	2.1	2.8

注：既婚 20-44 歳の働く女性 3,957 人対象
出典：issue+design ＆ 慶應義塾大学ＳＤＭ「働く女性の幸せに関する調査」(2014年)

1　人口減少の 16 の疑問とキーデータ

疑問 14 | 子どもを産む時期が遅くなっているの？

結婚する時期が遅くなった影響（p.41）から出産の時期も遅くなりつつあります。

1975年と2009年を比較すると、初婚年齢と第1子年齢はそれぞれ4歳ずつ遅くなっています。女性が第1子を産む年齢は平均30歳の時代です。

1975年と比べて第2子を産む年齢は3.7歳、第3子を産む年齢は2.8歳遅くなっています。結婚から第1子出産までの期間は変わらないものの、その後の第2子、第3子までの間隔が短くなっています。第2子と第3子の間は1歳近く縮まっています。

年齢的な限界や身体的負担から、2人、3人と子どもが欲しい夫婦に早めに次の子どもをつくろうとする意識が働いているようです。

年齢があがるにつれて、妊娠しにくくなると同時に（p.51）、出産のリスクが高まります。流産*の頻度は平均的には13.9％ですが、加齢とともに増加し、30歳代後半から急激に高まり、40歳代前半では41.3％という報告もあります。流産の80％は出産年齢と関係が深い染色体異常**によって起こると言われています。

晩婚・晩産化は子どもを望む夫婦にとって、人口減少大国・日本にとって様々な課題を生みだしています。

* 妊娠22週未満までに、胎児が発育を停止してしまう状態のこと

** 全ての細胞には46本の染色体が含まれ、赤ちゃんは父から23本、母から23本受け継ぐ。この染色体の一部の欠如・重複などによる構造変化が染色体異常。母体年齢の上昇とともに発生率が上昇する。本来2本の21番染色体が3本になることで起きるのがダウン症候群

母の出生時平均年齢の推移 (1975 - 2009年)

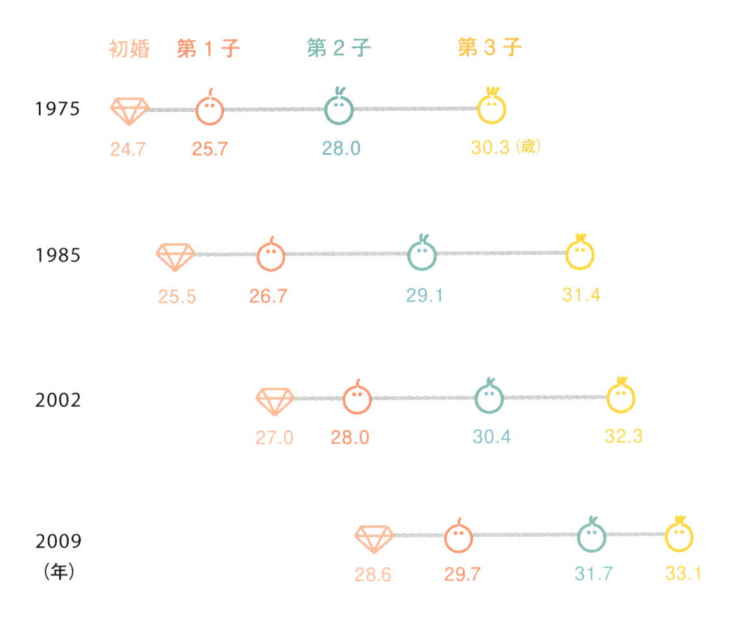

	初婚	第1子	第2子	第3子
1975	24.7	25.7	28.0	30.3 (歳)
1985	25.5	26.7	29.1	31.4
2002	27.0	28.0	30.4	32.3
2009 (年)	28.6	29.7	31.7	33.1

出典:厚生労働省「出生に関する統計」(2010年)

母の年齢別流産発生率 (1975 - 2009年)

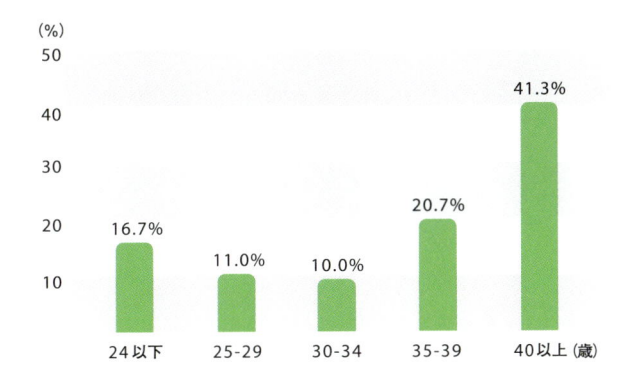

年齢 (歳)	流産発生率
24以下	16.7%
25-29	11.0%
30-34	10.0%
35-39	20.7%
40以上	41.3%

出典:虎ノ門病院産婦人科「周産期医学 vol.21 no.12 母体年齢と流産」(1991年)

1 人口減少の16の疑問とキーデータ

疑問 15 | 「不妊」に悩む夫婦はどのくらい増えているの？

晩婚、晩産化の影響からか、妊娠したくてもできない不妊症*に悩む夫婦が増えています。

2010年の調査では、結婚している夫婦の3分の1が「不妊を心配したことがある」と回答しています。その半数、全体の15％が「不妊治療の経験がある」もしくは「治療中」だと回答しています。

子どものいない夫婦だけで見ると、「不妊を心配したことがある」が過半数を超え、治療経験者（治療中含む）が約3割を占めます。

右下のグラフは年齢別の妊娠率（体外受精、顕微授精などの生殖補助医療治療時）を表したものです。ピークの23歳の妊娠率は31.5％、その後年齢を重ねるにつれて下がり、40歳では12.8％、45歳では2.0％となります。

体外受精により産まれる子どもの数は年々増加しており、日本産科婦人科学会の報告によると2012年には37,953人と全出生児数の約4％を占めています**。

不妊治療が誰にとっても当たり前の時代です。子どもが欲しくてもできない、そんな思いの夫婦を救うこと、サポートすることが、個人の幸せのため、日本の将来のために求められます。

* なんらかの治療をしないと、それ以降自然に妊娠する可能性がほとんどない状態のこと。世界保健機構では不妊症を「1年間の不妊期間を持つもの」と定義。不妊の頻度は25-29歳では8.9％、30-34歳では14.6％、35-39歳21.9％、40-44歳では28.9％と報告されている（日本生殖医学会ウェブサイト）

** 2014年9月5日読売新聞

不妊について心配した・治療した夫婦の割合推移 (2010年)

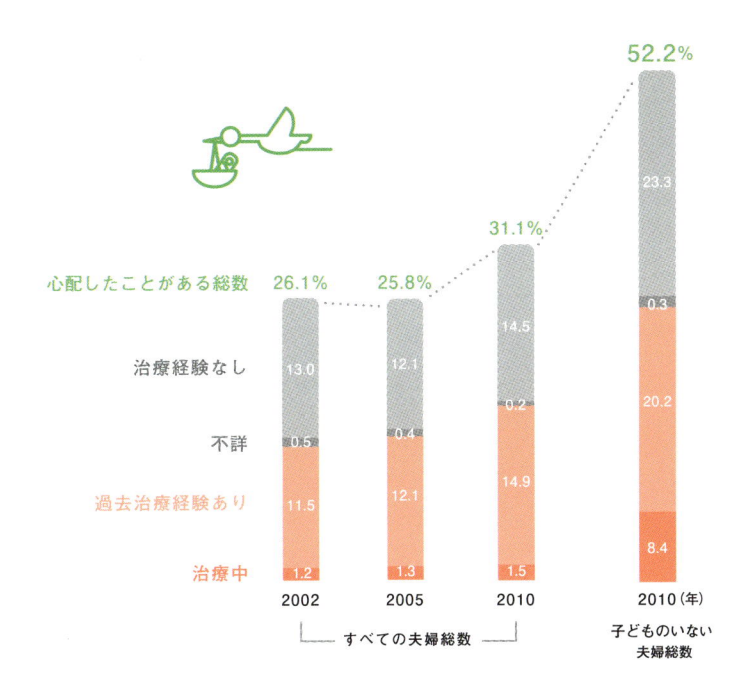

	2002	2005	2010	2010(年)
心配したことがある総数	26.1%	25.8%	31.1%	52.2%
治療経験なし	13.0	12.1	14.5	23.3
不詳	0.5	0.4	0.2	0.3
過去治療経験あり	11.5	12.1	14.9	20.2
治療中	1.2	1.3	1.5	8.4

すべての夫婦総数 / 子どものいない夫婦総数

出典:国立社会保障・人口問題研究所「第14回出生動向基本調査」
結婚と出産に関する全国調査:夫婦調査(2010年)

年齢別妊娠率(体外受精、顕微授精などの生殖補助医療治療時)(2008年)

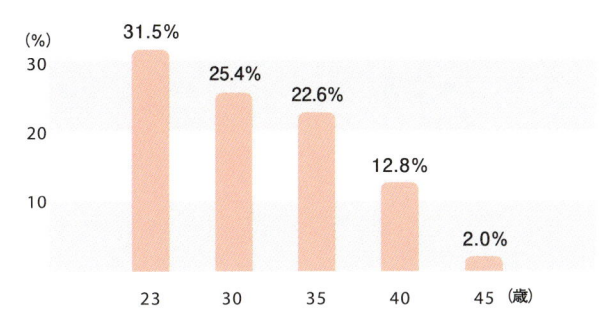

年齢	妊娠率
23	31.5%
30	25.4%
35	22.6%
40	12.8%
45	2.0%

出典:一般社団法人日本生殖医学会ウェブサイトより

1 人口減少の16の疑問とキーデータ

疑問 16 ｜「子育て」と「仕事」の両立は難しいの？

標準世帯という言葉があります。夫婦と子ども2人の4人世帯で、有業者が世帯主1人（主に男性）という世帯のことです。日本の税金や社会保障の仕組みはこの世帯が多数を占めることを前提につくられていました。

しかし、共働き世帯の数が、男性が働き女性が専業主婦の世帯を1990年代後半に上回り、以降は共働き世帯の比率が徐々に高まっています。女性が子どもを育てながら働くことは、日本の標準的な家族のカタチです。

ところが、第1子出生時に仕事を退職してしまう女性が約6割という状況は大きく変わりません。

育児休業*を利用しながら仕事を続ける人が増えているものの、育児休業なしで続ける人が減り、仕事の継続率自体は4割程度で横ばいです。

第2子出生後に退職してしまう人の比率は逆に徐々に高まりつつあります。

退職の理由は、「仕事と育児の両立が困難」が4分の1を占めます。解雇や退職勧奨など、自分の意思ではなく、「辞めさせられた」に近い状態も1割占めます。

男女ともに働き、ともに育てる、現代の標準世帯に適した社会システムを一刻も早くつくり上げることが求められています。

* 育児介護休業法に基づいて定められた、労働者が育児のために一定期間取得できる休業。子が1歳（条件によって1歳6ヶ月）に達するまでの間取得できる。企業によってはそれ以上の期間を設けるところもある

女性が産後に仕事を継続する割合の推移

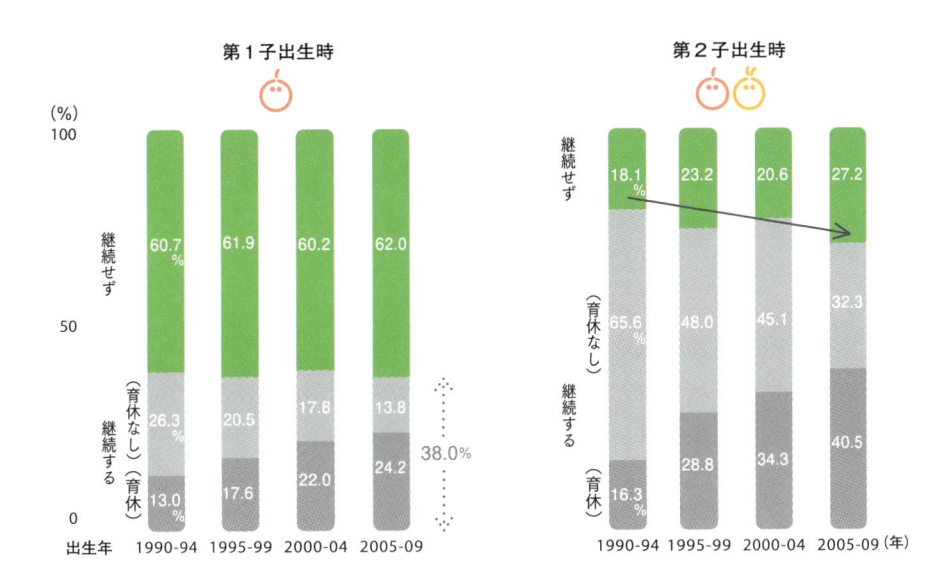

第1子出生時

出生年	継続せず	継続する（育休なし）	継続する（育休）
1990-94	60.7%	26.3%	13.0%
1995-99	61.9	20.5	17.6
2000-04	60.2	17.8	22.0
2005-09	62.0	13.8	24.2

（2005-09 継続する合計 38.0%）

第2子出生時

出生年	継続せず	継続する（育休なし）	継続する（育休）
1990-94	18.1%	65.6%	16.3%
1995-99	23.2	48.0	28.8
2000-04	20.6	45.1	34.3
2005-09	27.2	32.3	40.5

出典：国立社会保障・人口問題研究所「第14回出生動向基本調査」結婚と出産に関する全国調査：夫婦調査（2010年）

産後の退職理由

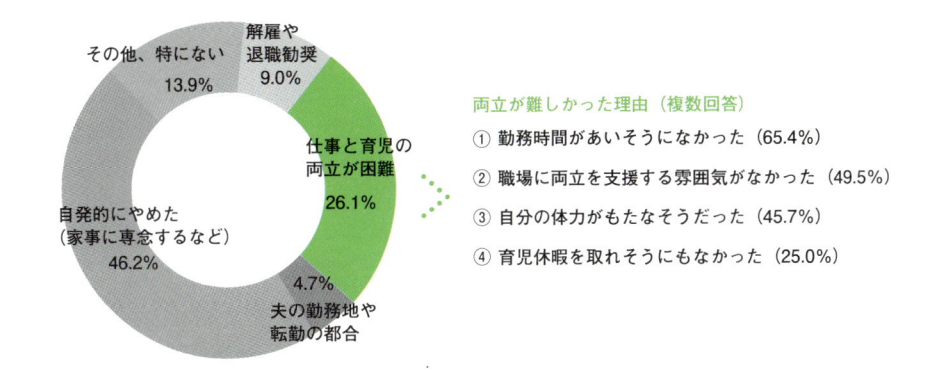

- 解雇や退職勧奨　9.0%
- その他、特にない　13.9%
- 自発的にやめた（家事に専念するなど）　46.2%
- 夫の勤務地や転勤の都合　4.7%
- 仕事と育児の両立が困難　26.1%

両立が難しかった理由（複数回答）

① 勤務時間があいそうになかった（65.4%）
② 職場に両立を支援する雰囲気がなかった（49.5%）
③ 自分の体力がもたなそうだった（45.7%）
④ 育児休暇を取れそうにもなかった（25.0%）

出典：三菱UFJリサーチ＆コンサルティング（厚生労働省委託）「両立支援に係る諸問題に関する総合的調査研究」（2008年）

第 2 章

人口減少のメカニズム

日本の人口はなぜ急減するのか？

　第1章では、16の疑問に答えるカタチで日本の人口減少の全体像と原因を理解することを試みました。第2章では、人口が今後どのように推移していくのか、どんな要因がどれほど人口減少に影響しているのか、そんな人口減少のメカニズムを明らかにしていきます。

　日本の人口減少は社会環境、経済状況、日本人の価値観、ライフスタイルなど様々な要因が複雑に絡み合った結果として生じていますが、それらは全て以下の3大要因につながっています。

3大要因①　既婚率の低下
3大要因②　夫婦あたり出生数の減少
3大要因③　若年女性の絶対数の減少

　図表2-1は3大要因に関する指標の1980年から2010年の推移を表したものです。

　この30年間で、既婚率が下がり、夫婦あたりの子どもの数が減り、子どもを産む年齢の女性の人口が減っていることがわかります。

　この3指標が低下したことが、これから本格化する日本の人口減少の原因です。

　こう聞くと1つの疑問が浮かぶかもしれません。この3指標のスコアは過去30年間低下し続けているのに、日本の人口が2008年まで増加していたのはなぜか？という疑問です。これが人口減少問題への対応が難しく、遅れる理由の1つです。こうした指標の変化が人口に大きなインパクトを与えるまでには長い年月がかかるのです。

　人口を維持するためには、女性1人が最低2人以上の

子どもを産む必要があります。女性1人が一生に産む子どもの数をあらわした指標、合計特殊出生率＊は1975年に2.0を割りましたが、そこから人口減少が始まる2008年まで30年以上かかっています＊＊。

出生率が下がったことの影響は、生まれた子どもが成人し子どもを産む年になった頃、すなわち約30年後にようやく人口に現れ始めてくるのです。

1975年に出生率が2.0を割ったといっても、時は高度経済成長期です。誰も人口が減ることなど問題視していない時代です。少子化という言葉が政府の公的文書に初めて登場したのが、1992年版の国民生活白書です。出生率が2.0を割ってから17年後の出来事です。広辞苑（岩波書店）に登場したのは23年後の1998年です。これほど、タイムラグが生じてしまうのです。

1980年代から人口減少に危機意識を持っていた人たちもいます。それは、大都市圏への流出により、人口が減っていた地方圏、中山間や離島地域の行政職員や住民です。彼らは、地域から若い人が都会に出てしまい、人が減り、跡取りがいなくなるという目に見える事態に直面していたためです。この時代の人口減少は「過疎化」という言葉で表現され、人口の地域間格差の問題に限定されていました。

＊ 女性が一生の間に何人の子どもを産むのか表した数値。15-49歳女性の年齢別出生率を足し、平均を出すことで算出される

＊＊ 日本の人口は2004年から2005年にかけて初めて減少し、2006年から2008年までは再度増加、2008年の1億2808万人をピークに本格的に減少が始まった

＊＊＊ （図表2-1）結婚している夫婦が、最終的に何人の子どもを産むのか表した数値。結婚して15-19年目の夫婦の平均出生児数を足し、平均を出すことで算出される

図表 2-1　1980-2010年の人口減少関連指標の推移

	1980	2010	2010-1980
① 既婚率（15-49歳女性）	69.5%	50.1%	-19.4%
② 夫婦あたり出生数（完結出生児数＊＊＊）	2.21人	1.96人	-0.25人
参考：合計特殊出生率	1.75人	1.39人	-0.36人
③ 出産適齢女性人口（15-49歳）	3,062万人	2,702万人	-360万人
参考：出産適齢女性比率	26.2%	21.1%	-5.1%

2　人口減少のメカニズム

シミュレーション1
現状維持シナリオ

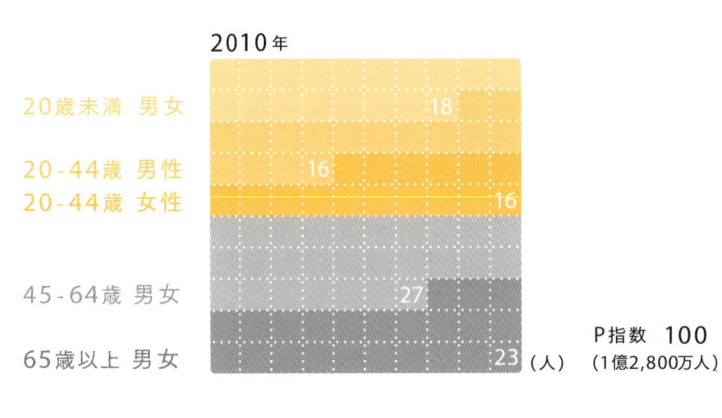

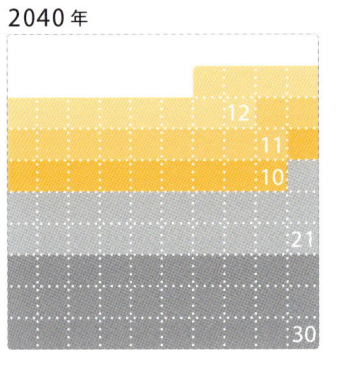

2010年

- 20歳未満 男女: 18
- 20-44歳 男性: 16
- 20-44歳 女性: 16
- 45-64歳 男女: 27
- 65歳以上 男女: 23 (人)

P指数 100
(1億2,800万人)

2040年

- 12
- 11
- 10
- 21
- 30

P指数 84
(1億800万人)

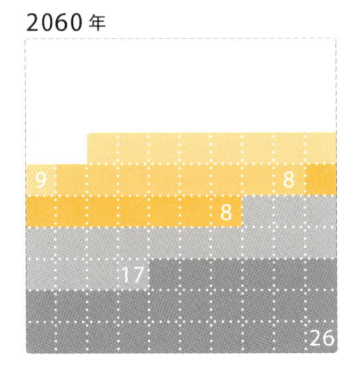

2060年

- 9 / 8
- 8
- 17
- 26

P指数 68
(8,700万人)

注：シミュレーション条件は p.85 参照

日本の人口は2008年の1億2,808万人をピークにゆるやかに減少が始まっていますが、大都市圏で暮らす多くの日本人には、減少の影響はあまり感じられないでしょう。自分、両親、祖父母の生活に直結する高齢化のほうが大きなトピックなのではないでしょうか。

　しかし、現在の状況が30年後の日本に多大な影響を与えます。2050年には日本の人口は1億人を割ると予測され、その頃には人口減少がもたらす社会へのインパクトが相当大きくなっているにちがいありません。

　その負のインパクトをできるだけ少なくし、未来の日本社会をより良いものにするためにも、人口減少という現象を正しく理解し、今から適切な対策を講じる必要があります。

　この3大要因が日本の人口減少にどれだけ影響を与えているかを見ていきます。

　第1章でも用いた100個の正方形のビジュアルを主に使用し、基準年である2010年の人口を100（正方形100個）として、2040年、2060年といかに変化していくかを視覚的に表現していきます。

　この正方形の数、すなわち2010年人口を100とした場合の将来のある時点の人口規模（正方形の数）を表したスコアをP指数と呼びます。その地域の2010年の人口が100人だったと仮定して、その100人が2040年、2060年に何人になるかを表したものです。

　まずは、2010年から2060年にかけて、現在の状況が継続した場合の日本の人口推移の予測をもう一度見てみましょう。20歳未満の未成年、子どもをつくる年代である20-44歳の男性・女性、45-64歳男女、65歳以上男女の5層で人口構成がわかるように色分けしました*。

＊全出生数の99%を産む20-44歳女性のボリュームをわかりやすくするため、この年代のみ男女別に表現

人口減少の３大要因 ①
既婚率の低下

　３大要因の１つ、既婚率の低下はどの程度日本の人口に影響を与えているのでしょうか？

　日本の場合、欧米諸国と比べて婚外子（結婚せずに出生する子ども）の数が2.2％と少ないため*、子どもを産む人のほとんどが結婚している人ということになります。逆に言うと、結婚する人が減ると、子どもを産む人も子どもの数も減るということです。

　15-49歳の女性が30年前と同程度の割合で結婚していたと仮定すると（2010年現在50.1％の既婚率が1980年水準の69.5％だった場合）、日本の人口は今後どのように変わるでしょうか？

　このシミュレーションでは、2060年の人口は１億600万人（P指数83）という結果です。基本シナリオが人口8,700万人（P指数68）ですから、既婚率が19.4％下がったことが、今後50年間で15ポイント、1,900万人の人口減少をもたらすということです。

　最近の少子化傾向の5-7割は結婚行動（非婚化および晩婚化）によるものだという研究に見られるように、既婚率の低下が人口減少にもたらす影響はかなり大きいようです。

＊ 欧米諸国の婚外子比率は、スウェーデン54.7％、フランス52.6％、デンマーク46.2％、英国43.7％、オランダ41.2％、アメリカ40.6％、ドイツ32.1％、スペイン31.7％、カナダ27.3％、イタリア17.7％（厚生労働省「平成25年版厚生労働白書」）

シミュレーション2
既婚率1980年水準（15-49歳女性既婚率69.5％）維持

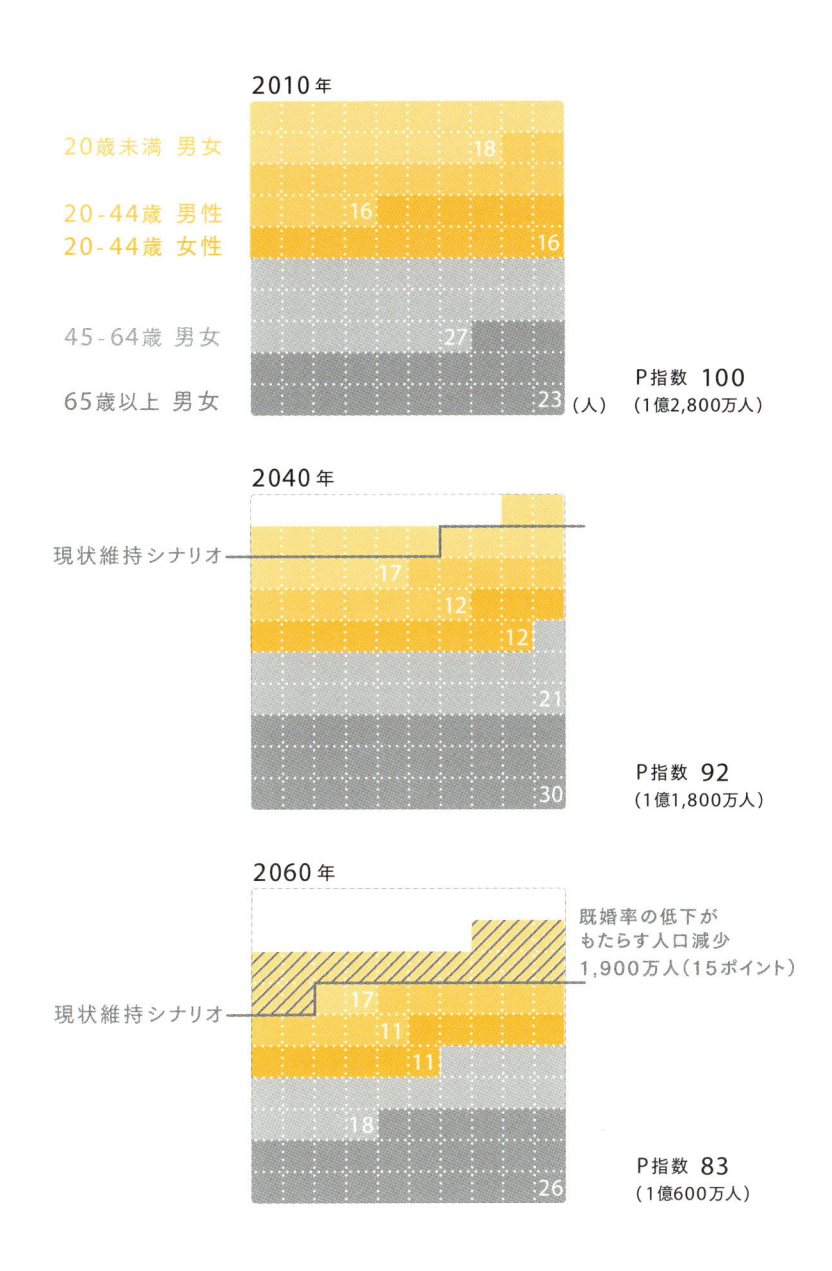

2010年

- 20歳未満 男女 … 18
- 20-44歳 男性 … 16
- 20-44歳 女性 … 16
- 45-64歳 男女 … 27
- 65歳以上 男女 … 23（人）

P指数 100
（1億2,800万人）

2040年

現状維持シナリオ

17 / 12 / 12 / 21 / 30

P指数 92
（1億1,800万人）

2060年

既婚率の低下がもたらす人口減少
1,900万人（15ポイント）

現状維持シナリオ

17 / 11 / 11 / 18 / 26

P指数 83
（1億600万人）

注：シミュレーション条件はp.85参照

2　人口減少のメカニズム

人口減少の３大要因②
夫婦あたり出生数の減少

　３大要因の２番目は、夫婦１組（既婚女性１人）あたりが産む子どもの数が減ったことです。

　夫婦１組あたりの子どもの数が1980年水準を維持していたと仮定すると、日本の人口はどのように変わるでしょうか？

　p.43で示した2010年の完結出生児数1.96が、1980年の2.2だった場合をシミュレーションしてみます。

　2060年の人口は9,300万人（P指数73）と基本シナリオと比べると5ポイント、600万人ほど人口減少は抑えられます。1億人は割るものの、9,000万人台をキープできるという予測です。既婚率の低下の影響が15ポイントですから、その３分の１程度の影響だということです。

　１夫婦あたりの出生数、完結出生児数は過去30年間で0.24人減少しましたが、平均すると１夫婦あたり２人を産む状況には大きな変化はありません。現在でも約８割の夫婦が２人以上の子どもをつくっています。

　人口減少への影響は既婚率の低下と比べると限定的だと言えます。

シミュレーション3
完結出生児数1980年水準(2.2)維持

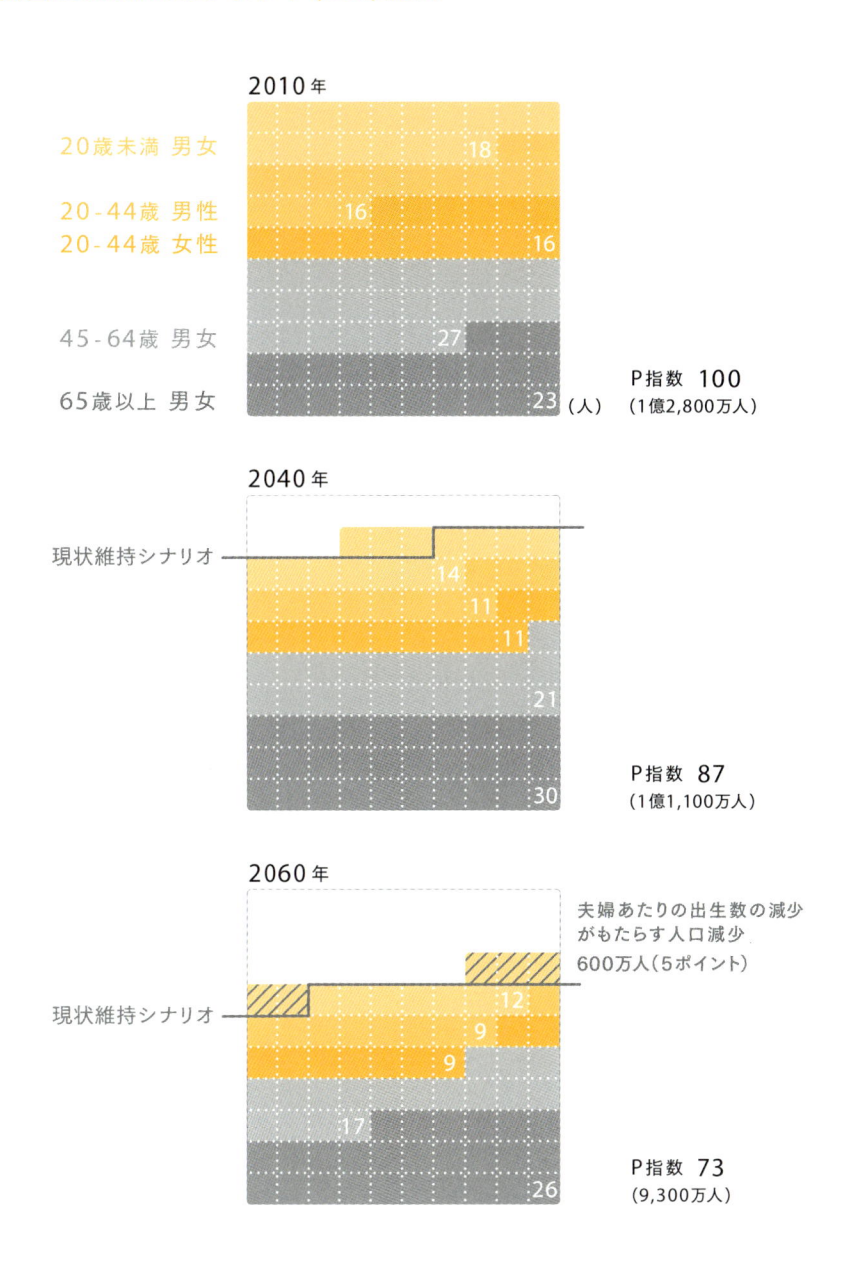

2010年

20歳未満 男女 : 18
20-44歳 男性 : 16
20-44歳 女性 : 16
45-64歳 男女 : 27
65歳以上 男女 : 23 (人)

P指数 100
(1億2,800万人)

2040年

現状維持シナリオ

14
11
11
21
30

P指数 87
(1億1,100万人)

2060年

夫婦あたりの出生数の減少がもたらす人口減少
600万人(5ポイント)

現状維持シナリオ

12
9
9
17
26

P指数 73
(9,300万人)

注:シミュレーション条件はp.85参照

2 人口減少のメカニズム

人口減少の３大要因 ③
若年女性の絶対数の減少

　最後の要因が若年女性の数の減少です。いくら結婚する女性の割合が増え、夫婦あたりの子どもの数が増えても、そもそも母体、子どもを産む母数である女性の数が減っては、産まれる子どもの数は増えません。

　1980年当時、15-49歳女性は3,062万人、日本の総人口の26.2％と４分の１を占めていました。その数と割合が徐々に低下し、2010年には、2,702万人（21.1％）と300万人減少しました。今後も若年女性の数は減っていくと予測されます。

　もし、2010年の人口構成比が1980年当時と同じ水準で15-49歳女性が４分の１を占めていたと仮定したら、日本の人口はどう変化するでしょうか？

　シミュレーション結果では、2040年まで人口は増加し続け、ピーク時には１億4,200万人（P指数111）に達し、そこから減少が始まり、2060年には１億2,800万人（P指数100）、現在とほぼ同水準になると推計されます。

　1980年から2008年まで人口が増加し、そこから減少に転じ始めている現在の日本の状況が30年先延ばしされたような結果です。

　合計特殊出生率が1.39と低い水準だったとしても、若年女性の数が多い間は人口は増加するということです。1979年から一人っ子政策をとる中国の人口が2030年頃まで増加が予測されるのも、同じ理由です。

　出生率の低下、子どもの数の減少は、20-30年後の若年女性の数の減少、その後の急激な人口減少へとつながっていくのです。

シミュレーション4
若年女性比率1980年水準（15-49歳女性人口26.2％）維持

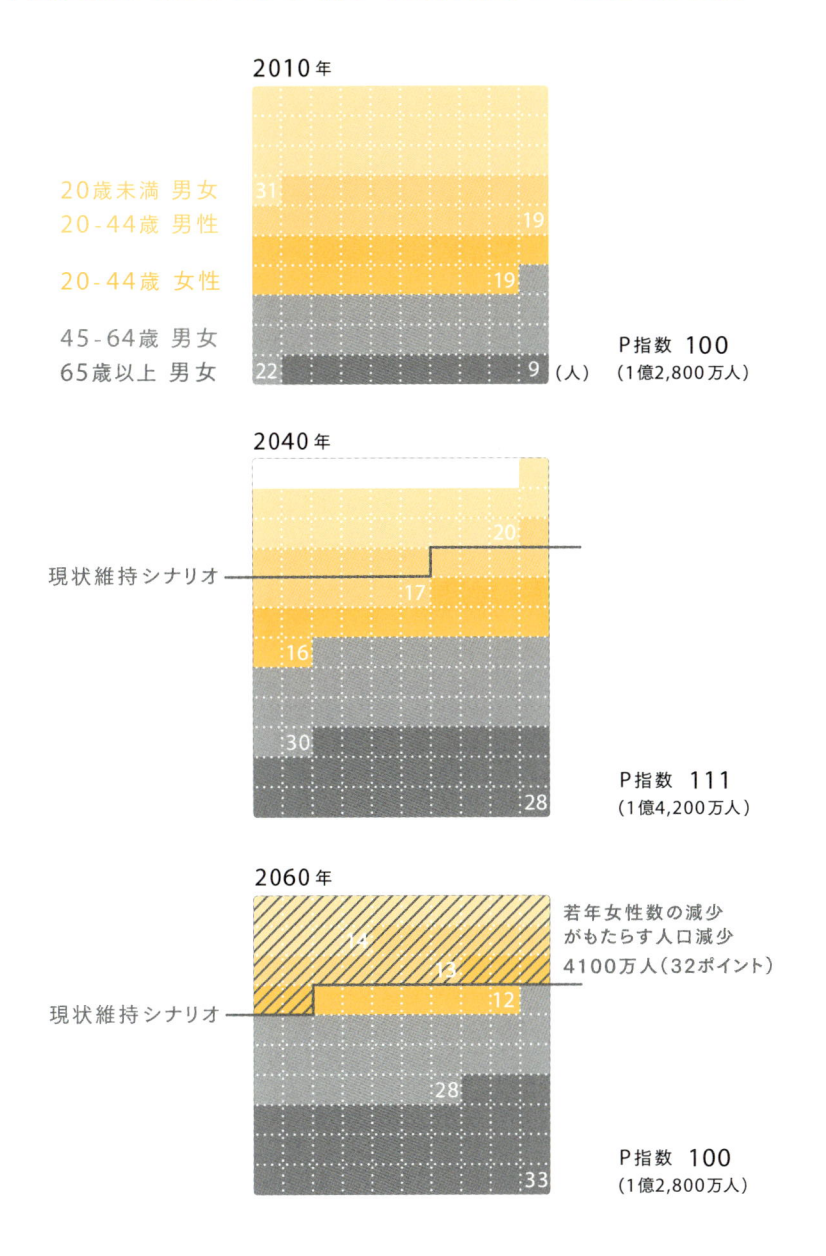

2010年

- 20歳未満 男女
- 20-44歳 男性
- 20-44歳 女性
- 45-64歳 男女
- 65歳以上 男女

31 / 19 / 19 / 22 / 9（人）

P指数 100
（1億2,800万人）

2040年

現状維持シナリオ

20 / 17 / 16 / 30 / 28

P指数 111
（1億4,200万人）

2060年

若年女性数の減少がもたらす人口減少
4100万人（32ポイント）

現状維持シナリオ

14 / 13 / 12 / 28 / 33

P指数 100
（1億2,800万人）

注：シミュレーション条件は p.85 参照

2　人口減少のメカニズム

若年女性の数が減少した結果、出生率は高くても、人口減少が急激に進む現象が全国各地で起きています。
　合計特殊出生率47都道府県第1位の沖縄県に出生率1.9の「子だくさん自治体」が2つあります。竹富町（2010年国勢調査人口3,859人）と渡名喜村（同452人）です。前者は西表島・竹富島・小浜島・黒島・波照間島・鳩間島・新城島・由布島の有人島と、その周囲の無人島からなる自治体です。観光地として知名度の高い島もあり、新しいリゾートの建設などで近年賑わいを見せています。後者は有人島の渡名喜島と無人島の入砂島の2島からなる日本で2番目に面積の小さい（3.74km²）自治体です。
　出生率は同水準ですが、前者の15-49歳女性比率は20.3％（20-44歳女性比率17.3％）、後者は11.3％（同6.7％）と倍近い差があります。出生率は同じで若年女性比率が異なるこの2つの自治体の人口はそれぞれ今後どう変化するでしょうか？　なお、この推計は他市町村への人口移動はないことを前提に行いました。
　2060年の推計では竹富町はP指数82、渡名喜村は同47とこれだけの差が出てきます。前者の竹富町のP指数82は、日本全体の68よりもかなり高く、減少ペースがゆるやかであることがわかります。
　若年女性比率の高い竹富町の人口は2015年まで微増し、そこからゆるやかに減少しますが、若年女性比率の低い渡名喜村は年6-10％ずつ急激に減少し、2060年にはほぼ半減するという予測です。

シミュレーション5
高出生率・多若年女性地域（竹富町）

2010年 P指数 100 (3,859人)

- 20歳未満 男女: 16.5
- 20-44歳 男性: 16.5
- 20-44歳 女性: 17
- 45-64歳 男女: 29
- 65歳以上 男女: 21

2040年 P指数 92 (3,500人) 日本全体

- 15
- 14
- 12
- 19
- 32

2060年 P指数 82 (3,200人) 日本全体

- 16
- 10
- 10
- 21
- 25

シミュレーション6
高出生率・少若年女性地域（渡名喜村）

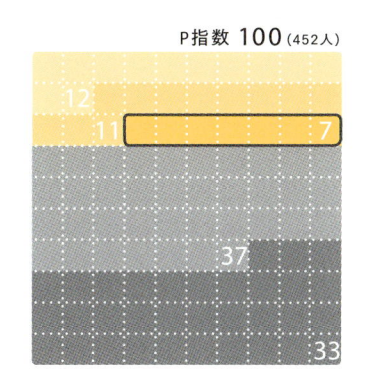

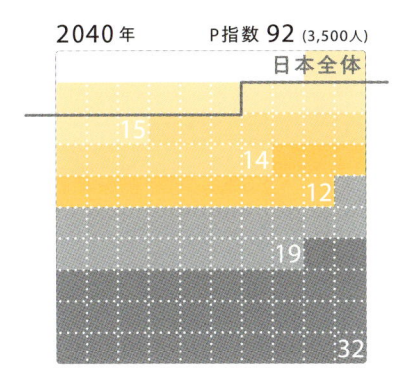

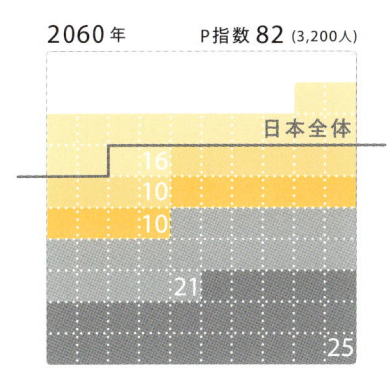

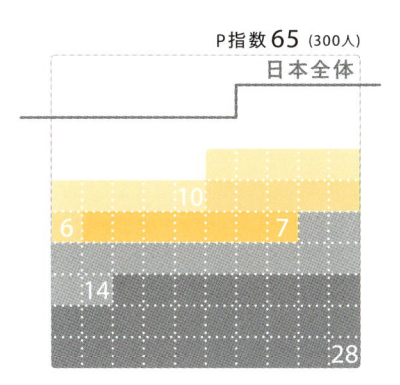

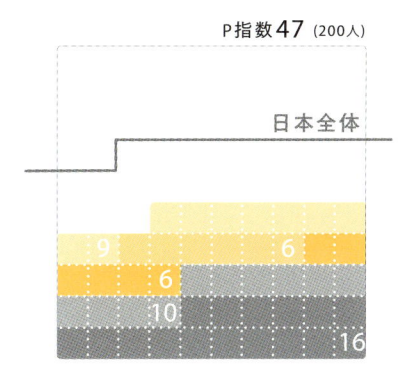

P指数 100 (452人)

- 12
- 11
- 7
- 37
- 33

P指数 65 (300人) 日本全体

- 10
- 6
- 7
- 14
- 28

P指数 47 (200人) 日本全体

- 9
- 6
- 6
- 10
- 16

注：シミュレーション条件はp.85参照

2 人口減少のメカニズム

地方圏から大都市圏への人口移動

　地方圏から大都市圏への人口移動、特に子どもを産む世代である若年女性の移動は、地方圏の人口減少の大きな原因の1つです。

　47都道府県の中で、1980年から2010年にかけて最も人口が減少したのが秋田県です。1980年に125.6万人（P指数117）だった人口は2010年には108万人（同100）に減少しました。その間に他都道府県から54万人が転入し、69万人が転出し、差し引き14.5万人が秋田県を去りました。

　秋田県の人口はこのまま転出超過*が続くと、2060年には48万人（P指数44）まで減少します。今後、人口の転入も転出もないと仮定すると、約10万人（10ポイント）減少を抑えることができます。人口の流出が秋田県の人口に大きな影響を与えるのがわかるでしょう。

　最も人口が増加したのが神奈川県です。人口増加というと東京都というイメージがありますが、東京は1980年代の地価上昇で、千葉・神奈川・埼玉に人口が転出した時期があるため、増加数は3位です。

　1980年に692.4万人（P指数77）だった神奈川県の人口は2010年には904.8万人（同100）に増加しました。その間に798万人が転入し、709万人が転出したため、差し引き88.9万人が神奈川県に入ってきました（p.70）。

　今後も転入超過**が続く見込みですが、2015年から減少が始まり、2060年には1980年頃の人口まで戻ります（P指数78）。人口の転出入がないと仮定すると、624万人まで減少します（P指数69）。大都市圏と言えども、人口減少は急激に進むことがわかります。

* 転出者数が転入者数を上回る状態

** 転入者数が転出者数を上回る状態

シミュレーション7
秋田県の人口推移（1980-2010-2060）

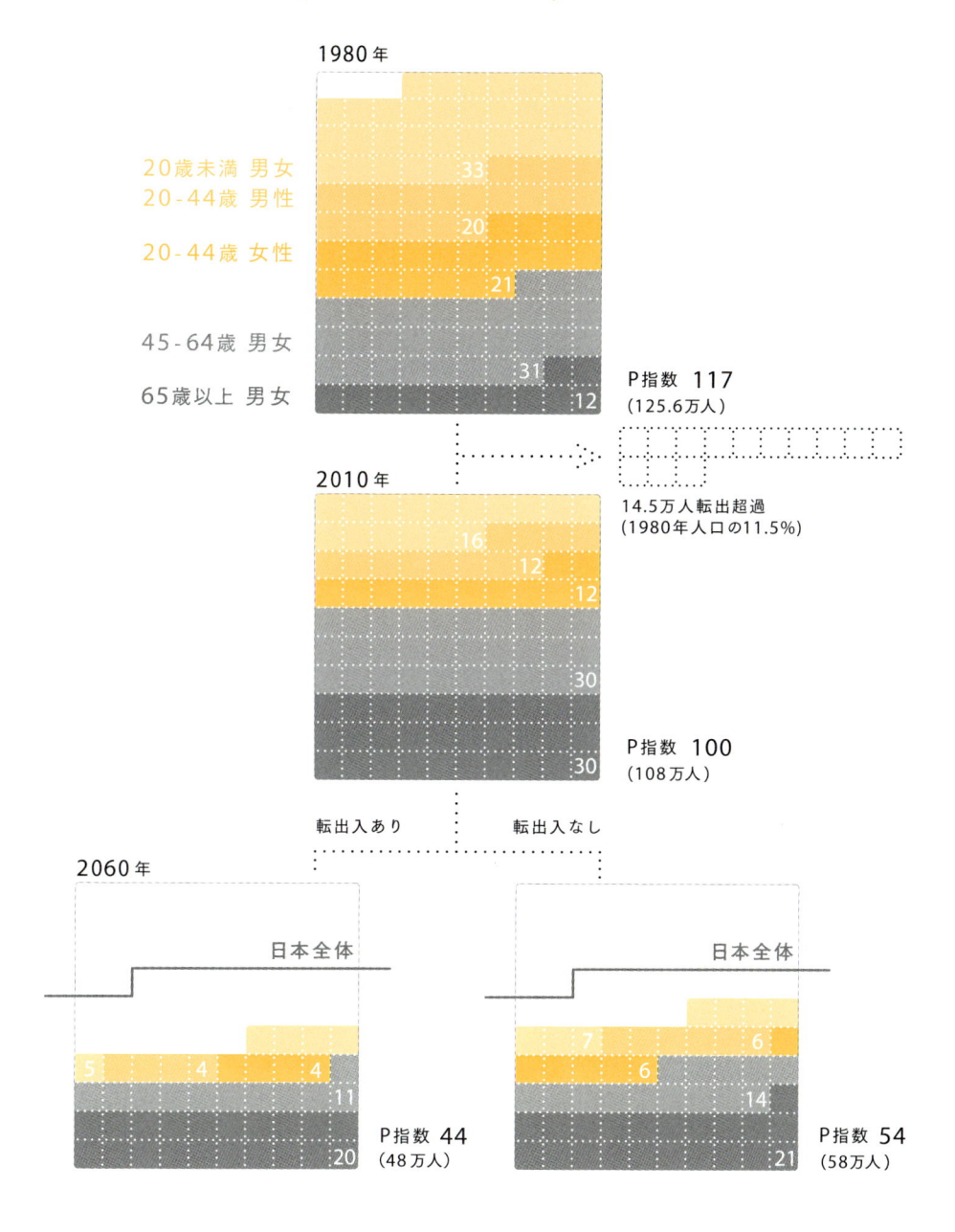

1980年

20歳未満 男女
20-44歳 男性
20-44歳 女性
45-64歳 男女
65歳以上 男女

33
20
21
31
12

P指数 117
（125.6万人）

14.5万人転出超過
（1980年人口の11.5%）

2010年

16
12
12
30
30

P指数 100
（108万人）

転出入あり　　　転出入なし

2060年

日本全体

5　4　4
11
20

P指数 44
（48万人）

日本全体

7　6
6
14
21

P指数 54
（58万人）

注：シミュレーション条件は p.85 参照

2　人口減少のメカニズム

シミュレーション8
神奈川県の人口推移（1980-2010-2060）

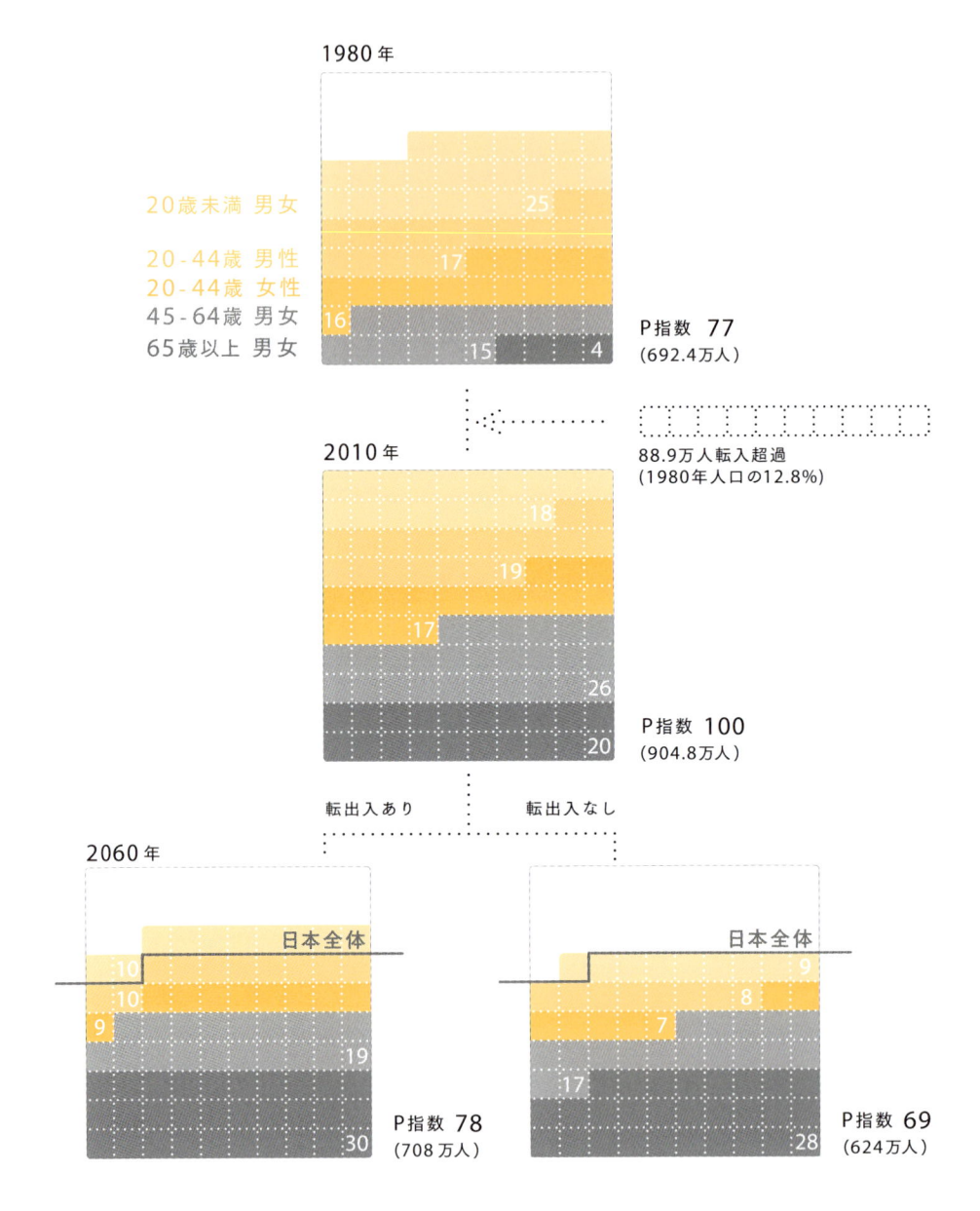

1980年

20歳未満 男女
20-44歳 男性
20-44歳 女性
45-64歳 男女
65歳以上 男女

25
17
16　　15　　4

P指数 77
（692.4万人）

88.9万人転入超過
（1980年人口の12.8%）

2010年

18
19
17
26
20

P指数 100
（904.8万人）

転出入あり　　転出入なし

2060年

日本全体

10
10
9
19
30

P指数 78
（708万人）

日本全体

9
8
7
17
28

P指数 69
（624万人）

注：シミュレーション条件はp.85参照

大都市への人口集中の負の影響

　人口がある地域から別の地域に動いているだけであれば、日本全体の人口が減る訳ではないので、国としては問題がない気もします。

　農村部から都市に人口が移動、集中するのは、インフラの整備やエネルギー効率などの面で望ましいという意見がありますが、ずっと違和感を覚えていました。

　人は1か所に集まって暮らしたほうが効率が良いという考え方は、人間の多様性という観点で正しくないのではないか、という疑問です。

　エコノミストの藻谷浩介氏が著書*の中で興味深いことを述べていました。限界集落が非効率だから町の中心へ集めようという考え方だと、その町自体が非効率だから県庁所在地に、さらにはその県が非効率だから東京に集めるべきという考え方になっていく。究極的には、極東の災害が多い島国・日本に住むこと自体が非効率だという考え方にもなる。効率論とは相対的なものであり、人は自分より周辺に対しては圧力をかけるが、自分より中心にあるものには目を向けないとのことです。効率論の不可解さを実にわかりやすく説明してくれています。

　また、日本の人口が地方圏から大都市圏へと移動することは、日本全体の人口減少にもつながります。図表2-2（p.72）は2013年の47都道府県別の転入超過数（転入数から転出数をひいたもの。マイナスは、転出超過）と合計特殊出生率のランキングです。上位3県の東京、神奈川、埼玉は出生率では47位、43位、40位と下位に位置しています。沖縄だけ例外的に転入数が多く出生率が高いですが、それ以外は転入数が多い上位に出生率の低い地域が、逆に転出数が多い下位に出生率の高い地域が並んでいます。

* 藻谷浩介『しなやかな日本列島のつくりかた』（新潮社、2014年）

すなわち、日本全体で見ると、子どもがたくさん生まれる高出生地域から、子どもがあまり生まれない低出生地域へと人口が移動しているのです。

　47都道府県で最も出生率が低い東京都には、2013年に年7万人が他道府県から転入してきました（転出33.7万人、転入40.7万人で差し引き7万人）。その7万人のうち約半数の4.0万人が今後子どもを産む年代の中心である15-29歳の女性です。

　東京の2013年の合計特殊出生率は1.13人ですので、この4.0万人が東京で生活を続けると仮定すると、4.6万人の子どもが生まれます。一方、この4.0万人がそれぞれの出身地に居続けたと仮定すると、5.6万人の子どもが生まれます。すなわち、東京への人口移動により日本全体では、1万人の人口が減少することになります。

図表2-2　47都道府県別の転入超過数と合計特殊出生率（2013年）

	順位	転入超過数（2013年）	順位	合計特殊出生率（2013年）
東京	1	70,172	47	1.13
神奈川	2	12,356	43	1.31
埼玉	3	11,554	40	1.33
愛知	4	7,891	24	1.47
福岡	5	5,825	28	1.45
宮城	6	4,656	39	1.34
大阪	7	3,377	42	1.32
千葉	8	2,442	41	1.33
沖縄	9	31	1	1.94
滋賀	10	-143	17	1.53

図表2-3　15-29歳女性の東京への人口移動による人口減少効果

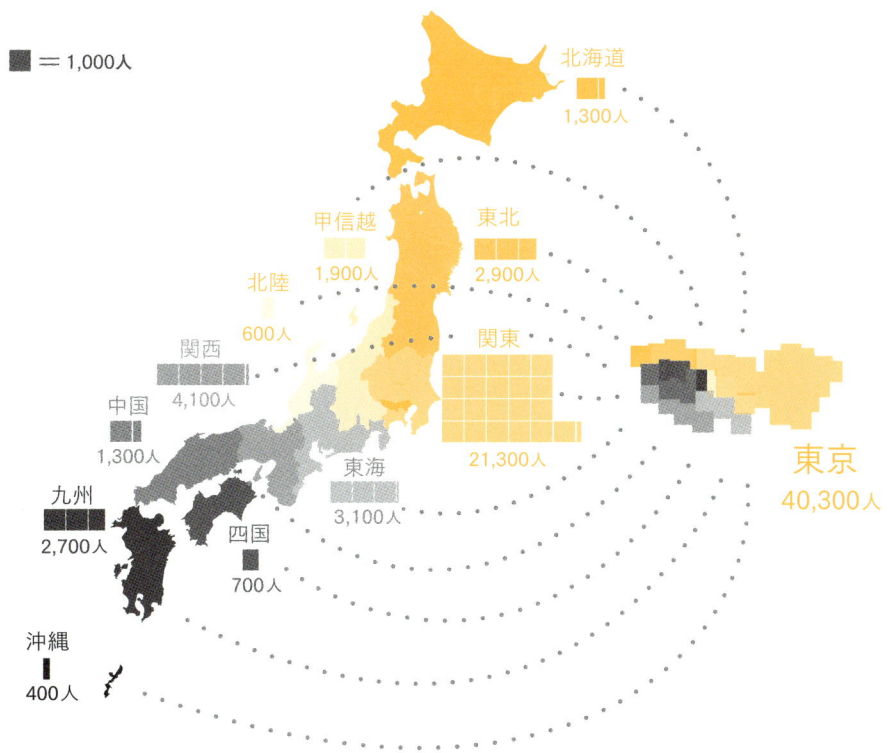

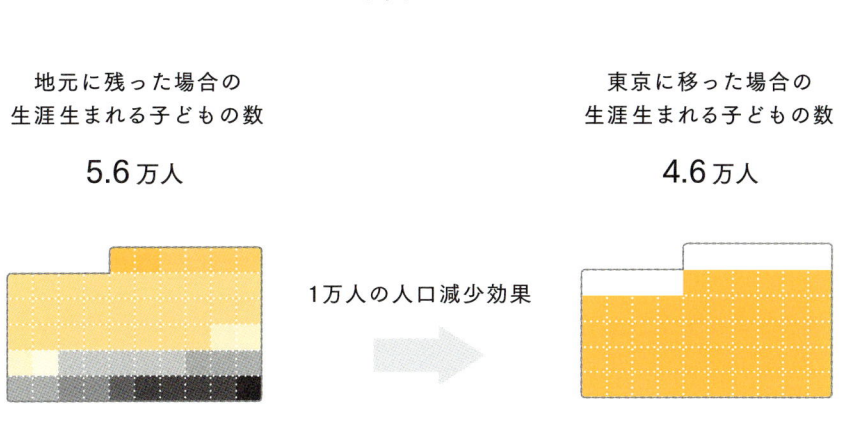

■ = 1,000人

北海道 1,300人
東北 2,900人
甲信越 1,900人
北陸 600人
関西 4,100人
中国 1,300人
関東 21,300人
東海 3,100人
九州 2,700人
四国 700人
沖縄 400人
東京 40,300人

地元に残った場合の
生涯生まれる子どもの数

5.6万人

→ 1万人の人口減少効果

東京に移った場合の
生涯生まれる子どもの数

4.6万人

2　人口減少のメカニズム

これが、戦後一貫して高出生地方圏から低出生大都市圏に人口が移動することで、日本全体の出生数が減少していく現象、東京首都圏を中心とした大都市圏が人をどんどん飲み込んでいくブラックホール現象と呼ばれるものです。

　日本が若年人口比率が高い比較的若い国だった時代は、この現象は特に問題にはなりませんでした。子どもを多数生み出せる地方圏が、職を多数産み出せる大都市圏に人材を供給する。その人材を活用し、大都市圏で大きな経済が生まれ、日本全体の成長につながる。その成長分が地方に再投資され、その投資を活用して地方経済がうるおい、多数の子どもが生まれる。そんな循環が成り立っていました。

　しかし、全国47都道府県全てで若年女性の比率が下がり、既婚率、夫婦あたり出生数が下がった結果、負の循環が起きています。

　地方圏から大都市圏への人口移動は続いています。その結果、地方圏は深刻な若者不足に陥っています。少ない若者からは少数の子どもしか生まれません。その数少ない子どもが進学・就職のタイミングで大都市圏に流出するので、さらに若者不足が加速します。

　結果として、地方圏も大都市圏も人口減少は加速し、生産と消費の担い手である働き盛りの人口が減り、日本経済は縮小する。そんな負の循環シナリオに突入しています。

負の循環を断ち切るために

　この負の循環を断ち切り、人口減少を抑制するためには、3つの視点で対策に取り組む必要があります。

　1つ目は日本全体の社会システムの視点です。地域を問わず、日本全体で、既婚率と夫婦あたりの出生数が下がっています。結婚しない、子どもを産まない、たくさん産まない傾向が続いています。この状況に対して、結婚・出産の障壁を取り除き、後押しするために国の社会システムのリデザインが必要です。

　2つ目は地域性の視点です。既婚率の低下、夫婦あたり出生数の減少、若年女性の絶対数の減少、この3つの原因で人口が減少するのは日本全体も、大都市圏も、地方圏も同じです。ただし、シミュレーション5-6(p.67)で示したように、出生率が高い2つの自治体で若年女性比率の違いから50年後の人口が大きく変わります。地域の人口構造、家族形態、経済状況、ライフスタイル、地域風土等の地域性により、3大要因の影響の大小も人口減少の進行具合も異なります。全国一律の対策ではなく、地域ごとに取り組むべき優先順位を明らかにした個別の対策が必要です。

　3つ目は大都市圏と地方圏の関係性の視点です。地方圏から大都市圏への過度な人口移動は日本全体の多様性を損なうという質的な面だけでなく、人口減少を加速するという量的な面でも、日本全体にとってマイナスです。過度な人口移動を抑え、逆に大都市圏から地方圏への人口移動を促すために、多様な働き方や暮らし方が許容される、洗練された都市と情緒豊かな田舎が共存できる日本社会の未来像、日本人のライフスタイル像をつくりあげることが必要です。

人口の将来推計手法

* 詳細な方法は、専門研究機関である国立社会保障・人口問題研究所のウェブサイト他を参照（www.ipss.go.jp）

本章で実施した人口の推計手法を説明します*。

この書籍では以下3つの方針で人口推計を行いました。

方針1　誰でも手に入るデータを活用する

この本の予測には、全てインターネット上で国、地方自治体、公的機関が公開しているオープンデータを用いました。

予測の精度を高めようとすると、より詳細なデータが必要になります。しかし、大きく未来の方向性を理解するにはオープンデータで十分であり、誰もが推計できることを重視しました。そもそもどんなに精緻に計算しても、確実な未来など予測できないのですから、大きく把握するだけで十分だとも言えます。

方針2　＋－×÷の簡単な計算で算出する

誰でもできる簡単な計算方法をとりました。そもそも人口予測は実は簡単な計算しか用いていないのですが、その説明文がたいてい難解です。誰もがわかりやすい説明、誰もが算出できる方法を心がけました。

方針3　推計結果を視覚的に表現する

この本全体の方針でもありますが、推計結果を視覚的にわかりやすく、直感的に理解できるように表現することを心がけました。2010年の人口を100人と仮定した、100個の正方形を用いた誰もがわかりやすい表現によって、人口減少に関して議論する際の共通の土台となることを目指しました。

理解しておきたい専門用語

人口の将来推計を行うにあたって理解する必要がある6つの専門用語を紹介します。

年齢別出生率

15-49歳女性の5歳ごと(15-19歳、20-24歳、25-29歳、30-34歳、35-39歳、40-44歳、45-49歳の計7年代)の、女性1人あたりが年間に産む子どもの数を表した指標です。図表2-4のとおり、30-34歳の女性の年齢別出生率が0.1001(女性1人あたり年間0.1人)と全7年齢層の中で最も高く、日本人女性で現在最も多くの子どもを産んでいるのは30代前半だということです。

より詳細な予測のためには、1歳ごとの出生率を使うのが望ましいですが、データを手に入れにくく、計算量が膨大になるため、5歳ごとの出生率を用いるのが一般的です。

図表2-4　年齢別出生率と合計特殊出生率(2013年)

	年齢別出生率		合計特殊出生率
a	15-19歳	0.0044	
b	20-24歳	0.0312	
c	25-29歳	0.0867	1.4255
d	30-34歳	0.1001	= (a+b+c+d+e+f+g) × 5
e	35-39歳	0.0525	
f	40-44歳	0.0099	
g	45-49歳	0.0003	

合計特殊出生率

　ある地域に暮らす女性1人が一生に何人の子どもを産むのかを表した指標です。

　1人の女性がその地域で15-49歳を過ごしたと仮定して、各歳ごとに産む子どもの数(年齢別出生率)を全て合計して、一生涯で産む子どもの数を推計します。

　図表2-4(p.77)の15-19歳の0.0044から45-49歳の0.0003を足して、5倍すると合計1.4255という日本全体の2013年の合計特殊出生率になります(15-19歳のように5歳分の出生率の平均のため、5倍します)。

コーホート(世代)

　コーホートとは日本語では、「世代」になります。同じ時代に生まれた人のグループを意味します。

　年代と世代という言葉が混同されがちです。

　年代とは40代、50代のように、ある年齢グループのことを意味します。「40代になると途端に疲れやすくなるな」などと使いますが、ここで言う40代とは生まれた時代とは関係がありません。

　一方、世代とは「僕らの世代はバブルを経験した世代とは金銭感覚が全然違うよね」などと使いますが、現在の年齢とは関係がない1970-74年生まれ世代、1975-79年生まれ世代などのことです。

　団塊世代(1947-49年前後生まれ)、団塊ジュニア世代(1971-74年前後生まれ)という言葉をよく耳にすると思います。同じ時代に生まれた世代は同年齢に同様の経験をするため、類似した価値観を持ちがちです。団塊ジュニア世代は、社会人になった頃には「失われた10年」と呼ばれるバブル崩壊後の経済不況の時代を迎えており、日本が好景気であった時代を社会人として体験していません。また、社会人なりたての頃にインターネットが一

般的になり、携帯電話を1人1台持つビジネス環境が当たり前です。

こうした社会の劇的な変化を何歳頃に経験したかは、就職、結婚、出産などの人口減少にも関連するライフイベントに大きく影響します。

人口推計にはこの世代という考え方が重要になります。

生残率

生残率とは、ある年齢の人口が、5年後の年齢に達するまで生き残る確率のことです。2010年の20-24歳の人口が100人だったとします。生残率0.99(＝99％)とは、2015年までに100人中1人が亡くなり、2015年には99人になることを意味しています。

純移動率

純移動率とは、ある地域の他地域との間の人口移動を示したものです。2010年の人口が100人の地域で、2015年までに10人が他の地域に転出、5人が転入してきたとします。差し引き5人減ることになるため、純移動率は−0.05(＝5％減)となります。逆に5人が転出、10人が転入の場合、5人増えることになるため、純移動率は0.05(＝5％増)となります。

出生男女比

生まれる子どもの男女比です。地域や時代を問わず、大きな違いや変化はなく、男の子が女の子を5％程度上回った数で生まれてきます。

推計に使用するデータとデータソース

本書の人口予測に用いたデータは以下の4つです。

1. 国勢調査

日本に住んでいる全ての人と世帯を対象とする国の最も重要な統計調査の1つです。総務省統計局が管轄しています。5年に1度実施されるため、最新の入手可能なデータが2010年となります。そのため、本書の人口推計は2010年を基準とします。

本書では主に以下のデータを利用します。
・地域別、性年代別の人口
・地域別、性年代別の婚姻率

2. 日本の地域別将来推計人口

人口・経済・社会保障関連の調査研究を行う国立社会保障・人口問題研究所が発表する、都道府県および市区町村別の将来推計人口のデータです。

本書では主に以下のデータを利用します。
・地域別の生残率
・地域別の純移動率

図表2-5　予測に使用するデータソース

	実施機関	調査名	データソース
1	総務省統計局	国勢調査	http://www.stat.go.jp/data/kokusei/2010/
2	国立社会保障・人口問題研究所	日本の地域別将来推計人口	http://www.ipss.go.jp/pp-shicyoson/j/shicyoson13/t-page.asp
3	厚生労働省	人口動態調査	http://www.mhlw.go.jp/toukei/list/81-1.html
4	厚生労働省	人口動態保健所・市区町村別統計	http://www.mhlw.go.jp/toukei/saikin/hw/jinkou/other/hoken14/

3. 人口動態調査

　厚生労働省実施の出生、死亡、婚姻、離婚といった人口に関わる調査です。

　本書では出生男女比のデータを利用します。

4. 人口動態保健所・市区町村別統計

　人口動態調査の結果を保健所および市区町村ごとに、国勢調査の年を中心とした5年間を取りまとめたもの。最新は2008年から2012年の5年間のものになります。

　本書では主に以下のデータを利用します。
・地域別の年齢別出生率
・地域別の合計特殊出生率

予測のプロセス

ステップ1　2010年の人口のデータを準備する

　基準となる国勢調査2010年の都道府県、市区町村データを用意します。市区町村内の地域単位、集落単位などのデータでも同様のことが可能です。

　男女別、年齢5歳別（0-4歳、5-9歳、10-14歳……75-79歳、80-84歳、85歳以上）の36層（男女×年齢18層）のデータが必要です。

　2010年の総人口（性・年齢不詳を除く）を100とした場合の、36層別の比率を算出します。この時、国勢調査の人口には性・年齢不詳というものが含まれますので、総人口には不詳人口が含まれていないことを確認してください。36層別の人口の合計がピッタリ100.00になっていれば問題ありません。

ステップ2　生残率のデータを準備する

都道府県、市区町村別の男女、年齢5歳刻み18層別(0-4歳、5-9歳、10-14歳……75-79歳、80-84歳、85歳以上)、計36層の生残率のデータを用意します。

ステップ3　純移動率のデータを準備する

都道府県、市区町村別の男女、年齢5歳刻み18層別(0-4歳、5-9歳、10-14歳……75-79歳、80-84歳、85歳以上)、計36層の純移動率のデータを用意します。

ステップ4　コーホート別の将来人口を推計する

コーホート(5歳刻みの世代)別の将来人口を推計します。

2010年の20-24歳の世代を例に考えてみましょう(図表2-6)。この世代の2010年の人口を100とします。2015年には25-29歳になるこの世代の人口はどうなっているでしょうか？　この100人が誰一人亡くならず、地域外に誰一人転出せず、誰一人転入してこなければ、2015年の25-29歳人口は100となります。100人中1人が亡くなり(生残率0.99)、1人が地域外に引っ越すとすると(純移動率−0.01)、2015年の25-29歳人口は98となります(100人−1人−1人)。

すなわち、2010年20-24歳人口×(生残率＋純移動率)が2015年の25-29歳人口となります。

図表2-6　コーホート別人口推計の考え方

	2010		2010-2015		2015		計算式
	年齢	人口	生残率	純移動率	年齢	人口	
男性	20-24歳	100	0.99	-0.01	25-29歳	98	100×(0.99-0.01)
	25-29歳	100	0.98	-0.02	30-34歳	96	100×(0.98-0.02)
	30-34歳	100	0.98	0.05	35-39歳	103	100×(0.98+0.05)

この考え方で、2010年人口をベースに2015年人口を、2015年人口をベースに2020年人口をという具合にコーホート別の将来人口を推計します。

　なお、85歳以上だけ注意が必要です。2015年の85歳以上人口を算出するためには、2010年の80-84歳人口から算出する2015年85-89歳人口に加えて、2010年の85歳以上人口から算出する2015年90歳以上人口を足す必要があります。

ステップ5　出生率のデータを準備する

　都道府県、市区町村別の女性年齢5歳刻み7層別（15-19歳、20-24歳、25-29歳、30-34歳、35-39歳、40-44歳、45-49歳）の出生率のデータを準備します。

ステップ6　将来の0-4歳人口を推計する

　0-4歳人口とは過去5年間に産まれ、5年間生き残り、地域外に転出しなかった人の数です。図表2-7は各年齢層の女性の人口が10,000人と仮定した場合の出生数を推計したものです。

図表2-7　0-4歳人口（出生数）予測の考え方

	年齢	2010-2014年人口	年齢別出生率	年間出生数	5年間（2010-2014年）出生数 男女	男女比	男児	女児
女性	15-19歳	10,000	0.0050	50	250	105.6	128.4	121.6
	20-24歳	10,000	0.0300	300	1500		770.3	729.7
	25-29歳	10,000	0.1000	1000	5000		2567.6	2432.4
	30-34歳	10,000	0.1000	1000	5000		2567.6	2432.4
	35-39歳	10,000	0.0500	500	2500		1283.8	1216.2
	40-44歳	10,000	0.0100	100	500		256.8	243.2
	45-49歳	10,000	0.0003	3	15		7.7	7.3

2　人口減少のメカニズム

まず、年齢別人口に年齢別出生率を掛けて、年間の年齢別出生数を算出します。全年齢の出生数を合計したものが年間出生数、それを5倍したものが5年間出生数です。

この年間、5年間出生数は男女総数のため、出生男女比（105.6：100）に従い男児数、女児数を算出します。

この男女別の5年間出生数に、ステップ4同様に生残率と純移動率を掛け合わせて、各年の0-4歳人口を推計します。

ステップ7　各年の将来推計人口を予測する

ステップ4で算出したコーホート別人口、ステップ6で算出した0-4歳人口を足して、各年の将来人口を推計します。

ステップ1から6までは全て＋－×÷だけのシンプルな計算です。計算の意味を理解できれば、誰でも簡単に人口推計はできるのです。エクセル等の表計算ソフトに計算式をいれれば簡単に算出できますので、自分のお住まいの地域等のデータを入手し、推計してみてください。

なお、本書特設サイト*にて、各自治体の将来人口を簡単に推計できる仕組みを用意しましたので、そちらもご活用下さい。

*『人口減少×デザイン』特設サイト
（issueplusdesign.jp/jinkogen）

（参考資料）シミュレーション条件

シミュレーション1　現状維持シナリオ
- 生残率：国立社会保障・人口問題研究所「日本の将来推計人口：2010-2040年47都道府県平均」
  ※ 2040-2060は2040年時データを利用
- 純移動率：ゼロ（移動なし）
- 出生率：2010年合計特殊出生率1.39が継続

シミュレーション2　年代別既婚率1980年水準維持
- 生残率：国立社会保障・人口問題研究所「日本の将来推計人口：2010-2040年47都道府県平均」
  ※ 2040-2060は2040年時データを利用
- 純移動率：ゼロ（移動なし）
- 出生率：2010年の既婚者あたり出生率が継続
  ※婚外子はゼロと仮定して推計
- 既婚率：2010年以降の15-49歳女性の既婚率が1980年と同水準で継続

シミュレーション3　完結出生児数1980年水準維持
- 生残率：国立社会保障・人口問題研究所「日本の将来推計人口：2010-2040年47都道府県平均」
  ※ 2040-2060は2040年時データを利用
- 純移動率：ゼロ（移動なし）
- 出生率：合計特殊出生率1.57
  ※完結出生児数の1980/2010比である1.2を2010年1.39に掛け合わせて算出
  ※1980年の完結出生児数は、1977年および1982年の平均を利用

シミュレーション4　若年女性比率維持
- 生残率：国立社会保障・人口問題研究所「日本の将来推計人口：2010-2040年47都道府県平均」
  ※ 2040-2060は2040年時データを利用
- 純移動率：ゼロ（移動なし）
- 出生率：2010年合計特殊出生率1.39が継続
- 人口構成：2010年の総人口に占める性年代別構成比が1980年と同水準

シミュレーション5　沖縄県竹富町／シミュレーション6　沖縄県渡名喜村
- 生残率：国立社会保障・人口問題研究所「日本の地域別将来推計人口：2010-2040年沖縄県竹富町／渡名喜村」
  ※ 2040-2060は2040年時データを利用
- 純移動率：ゼロ（移動なし）
- 出生率：2010年合計特殊出生率1.87（竹富町）、1.85（渡名喜村）が継続

シミュレーション7　秋田県／シミュレーション8　神奈川県　※1980-2010は国勢調査による実測値
- 生残率：国立社会保障・人口問題研究所「日本の地域別将来推計人口：2010-2040年秋田県／神奈川県」
  ※ 2040-2060は2040年時データを利用
- 純移動率：生残率と同じ／ゼロ（移動なし）
- 出生率：2010年合計特殊出生率1.36（秋田県）、1.30（神奈川県）が継続

第３章

人口減少要因で見る
地方自治体5タイプ

地域で異なる人口減少

　第2章では、人口減少の3大要因（既婚率の低下、夫婦あたり出生数の減少、若年女性の絶対数の減少）が日本の将来人口に与える影響を主に日本全体の人口という視点で、シミュレーションしました。

　第3章では市町村個別の人口減少に着目します。

　既婚率と夫婦あたり出生数が減少し、出産適齢女性が減るという現象は日本全国共通で起きているため、遅かれ早かれ日本全国全ての都道府県、市町村の人口が減少することになります。

　ただし、減少し始める時期も、減少ペースも違えば、人口減少の主な原因も異なります。

　特に3大要因のどれが人口減少に大きな影響を与えるのかを知ることは地域の人口減少対策を検討する際に大切です。第2章で紹介した沖縄県の竹富町と渡名喜村がその一例です。同じ沖縄県の離島の自治体で合計特殊出生率も1.90と極めて高いにもかかわらず、若年女性の比率の違いから、人口減少のペースが大きく異なります。

　本章では1,720自治体＊を、3大要因の大小により、類似した特徴を持つ5つのグループに分類し、それぞれのグループ別の特徴、人口減少の要因を分析し、各グループ別の対策を論じていきます。

＊ 2014年4月1日時点の自治体数。東京23区も特別区部として1自治体としてカウント

1720自治体の分類方法

　分類には、以下の3つの指標を用いました。

指標1　20-44歳女性比率（2010）
若年女性が地域の人口に占める割合は？
指標2　20-44歳女性既婚率（2010）
若年女性の何％が結婚しているのか？
指標3　合計特殊出生率（2008-2012）
その地域の女性1人あたりが産む子どもの数は？

　指標3に関しては、本来は既婚者あたりの出生率のデータを用いるのが理想でした。合計特殊出生率は結婚しているしていないに関係なく、その地域で暮らす女性が一生涯で産む数を推計したものです。独身者の出生数はほぼ0のため、既婚率が低い地域ほど合計特殊出生率は低くなります。3大要因の1つである夫婦あたりの出生数の大小をあらわす指標としてふさわしくないのですが、地域別の既婚者数と出生数の関係を精緻に分析できるデータを入手できなかったため、今回の分析には合計特殊出生率を用いました。
　分類のステップは次のとおりです。

ステップ1　1,720自治体の3指標のスコアを標準化
　1,720自治体の3指標のスコアをそれぞれ標準化し、3指標の偏差値を算出しました。1,720人が受験した英語、国語、数学の3科目の結果から一人ひとりの3科目の偏差値を算出したとイメージしてみてください。

ステップ２　３指標の高低で８つのグループに分類

1,720自治体を３指標の高低（偏差値50を境に）で、図表3-1のとおり２×２×２の８グループに分類しました。

ステップ３　類似グループを統合し、５グループに集約

初期グループ①と②はいずれも出生率が高いものの、20-44歳女性比率の低さが課題なため、既婚率の高低にかかわらず１つのグループに統合しました。

初期グループ③と④は出生率も20-44歳女性比率も低いことが課題なため、既婚率の高低にかかわらず１つのグループに統合しました。

初期グループ⑤は20-44歳女性比率と既婚率が高いものの、出生率が低く、夫婦の出生数の少なさが課題であるため、単独のグループとしました。

初期グループ⑥は３指標ともに高く、人口減少のペースがゆるやかな傾向のグループとしました。

初期グループ⑧は20-44歳女性比率が高く、既婚率・出生率が低い、若年女性の数は多いものの結婚・出産に至らないことが課題のグループとしました。

初期グループ⑦は20-44歳女性比率と出生率が高いものの、既婚率が低い自治体と解釈が困難でした。自治体数も28と少なかったため、それぞれのスコアと課題を考慮して以下のようにグループ⑥とグループ⑧の２つに分割して統合しました。

20-44歳女性比率も出生率もトップ水準で人口減少のペースがゆるやかだと推計できる自治体は、３指標ともに高い初期グループ⑥と統合しました。一方、既婚率が最低水準で課題だと考えられる自治体は初期グループ⑧と統合しました。

ステップ4　5グループをネーミング

各グループの特徴と解決すべき優先課題を表現するネーミングをつけました。

ステップ5　5グループをそれぞれ直方体でビジュアル化

5つのグループの3指標の偏差値をX軸、Y軸、Z軸にプロットし、線で結び、直方体で表現しました。

全て全国平均値(偏差値50)であれば、3辺の長さが50の立方体(サイコロ型)になります。直方体の大きさと形で自治体別の人口減少の要因を表現しました。

ステップ6　5グループ別特徴の分析と将来人口推計

グループAからグループEまでそれぞれの所属自治体の人口規模、地域の特徴を分析したうえで、各グループから4つの自治体を選び、将来人口を推計しました。

図表3-1　初期8グループと最終5グループの関係性

初期グループ	20-44歳女性比率	20-44歳女性既婚率	合計特殊出生率	最終グループ	
①	低	低	高	グループA	若者さよなら型
②	低	高	高		
③	低	低	低	グループD	いない産まない型
④	低	高	低		
⑤	高	高	低	グループB	産み控え型
⑥	高	高	高	グループE	スローペース型
⑦	高	低	高	グループC	独身女性たくさん型
⑧	高	低	低		

人口減少要因で見る地方自治体5タイプ

A　若者さよなら型

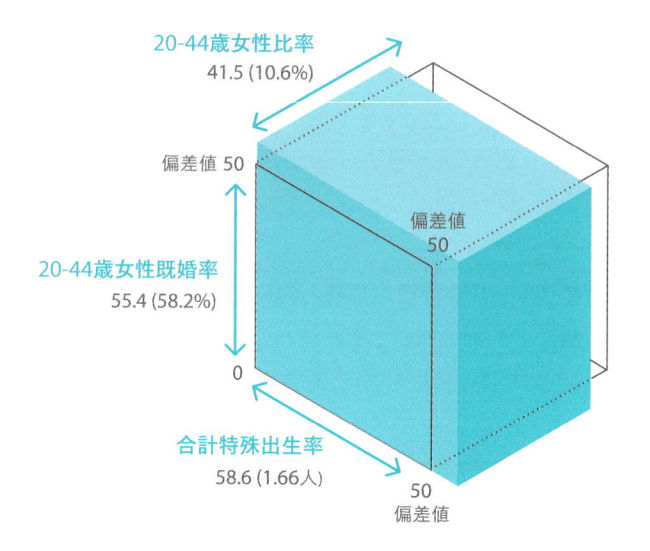

20-44歳女性比率
41.5 (10.6%)

偏差値 50

偏差値 50

20-44歳女性既婚率
55.4 (58.2%)

0

合計特殊出生率
58.6 (1.66人)

50
偏差値

B　産み控え型

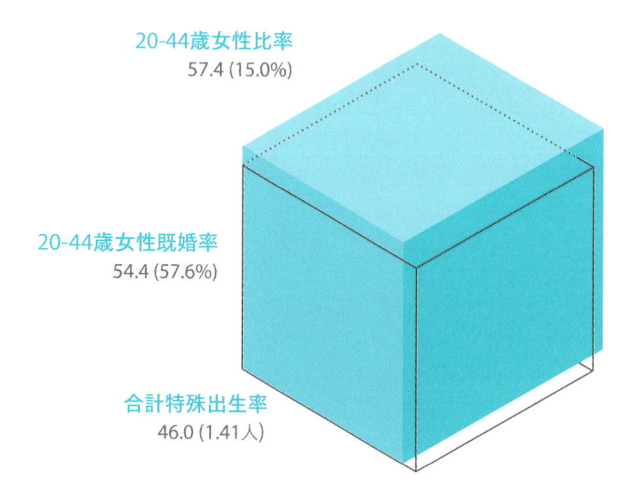

20-44歳女性比率
57.4 (15.0%)

20-44歳女性既婚率
54.4 (57.6%)

合計特殊出生率
46.0 (1.41人)

C　独身女性たくさん型

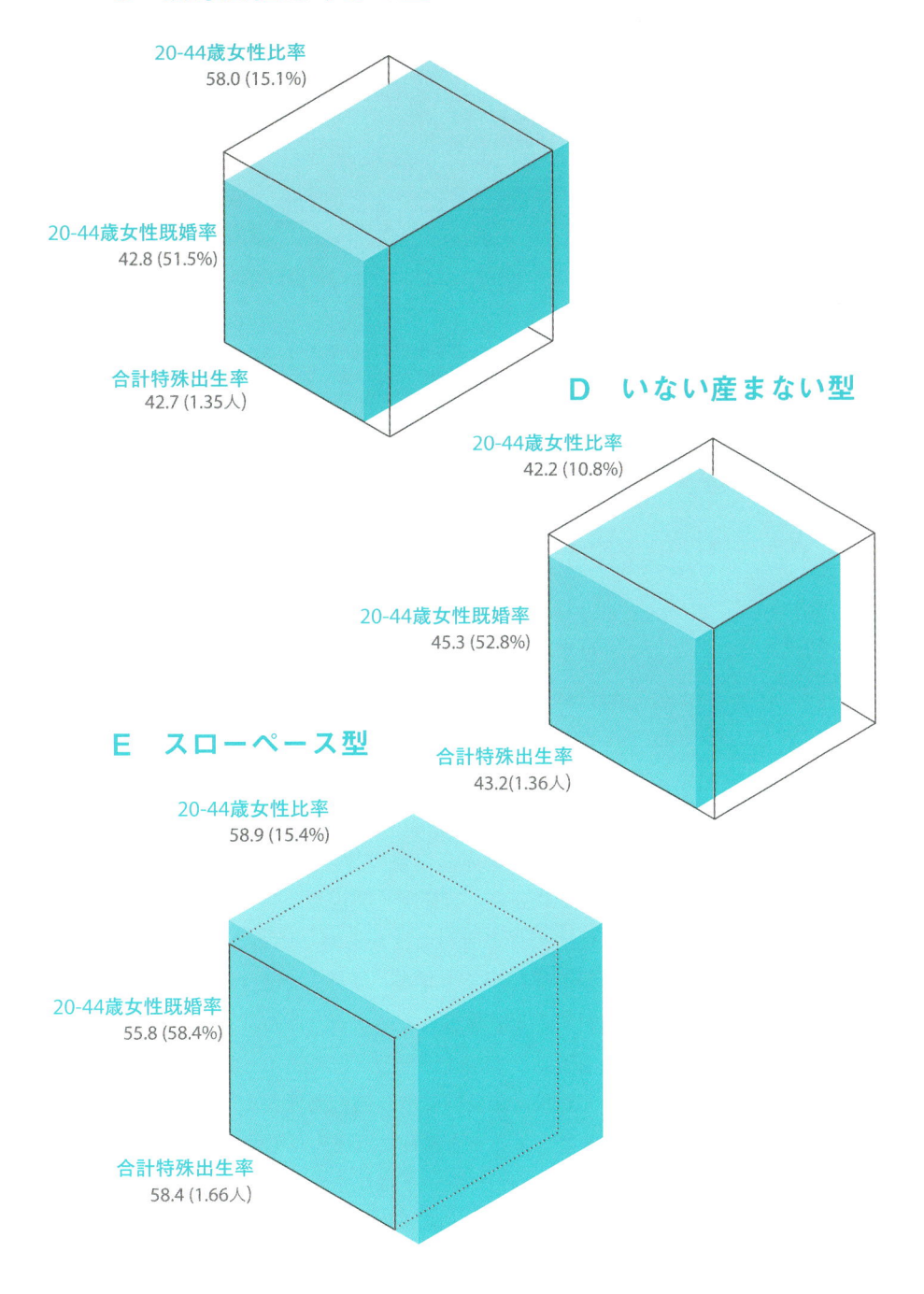

20-44歳女性比率
58.0 (15.1%)

20-44歳女性既婚率
42.8 (51.5%)

合計特殊出生率
42.7 (1.35人)

D　いない産まない型

20-44歳女性比率
42.2 (10.8%)

20-44歳女性既婚率
45.3 (52.8%)

合計特殊出生率
43.2 (1.36人)

E　スローペース型

20-44歳女性比率
58.9 (15.4%)

20-44歳女性既婚率
55.8 (58.4%)

合計特殊出生率
58.4 (1.66人)

3　人口減少要因で見る地方自治体5タイプ

グループA　若者さよなら型

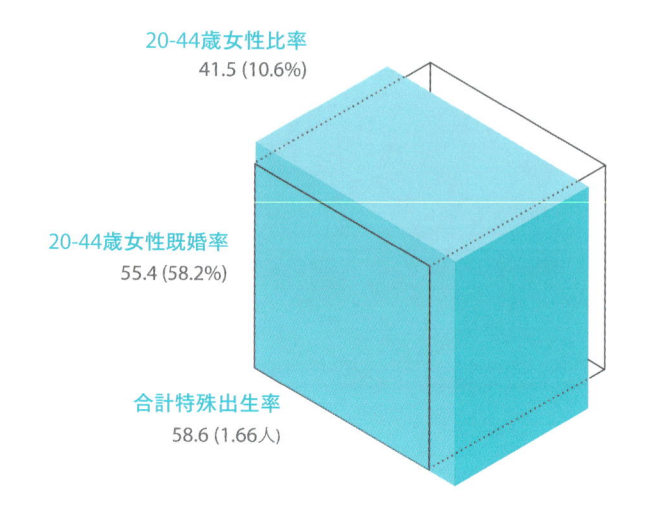

20-44歳女性比率
41.5 (10.6%)

20-44歳女性既婚率
55.4 (58.2%)

合計特殊出生率
58.6 (1.66人)

　既婚率・出生率は高いものの、若者が地域外に流出した結果、子どもを産める女性の絶対数が少なく、毎年の出生数が減り、人口減少が進む地域。全自治体の4分の1を占める最も大きなグループ。

　449自治体中409自治体が、人口5万人未満の小規模自治体であり、中山間・離島地域に多い。長崎、大分、熊本、宮崎、鹿児島の自治体の5割以上を占めるなど、九州地方南部に多く、首都圏・関西圏・名古屋圏には少ない。

　地元出身の若い女性が地域に残ることができる、一旦大都市圏に出ても地域に戻り、自分の能力を活かした仕事ができる、暮らしていける、そんな「仕事」の選択肢をつくることで、Uターン・Iターン・地元就職を増やしていく対策に優先的に取り組む必要がある(p.119)。

　また、ふるさと教育に力を入れて地元の若者が地域に残り仕事をしたいという気持ちを高めることも重要(p.162)。

都道府県別分布

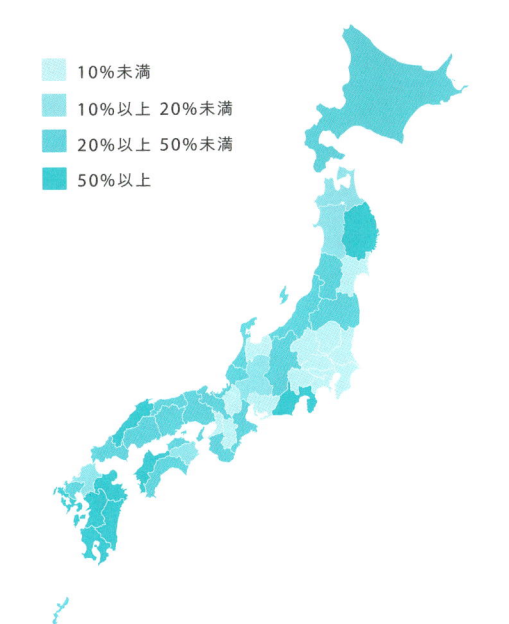

- 10%未満
- 10%以上 20%未満
- 20%以上 50%未満
- 50%以上

ポジショニング

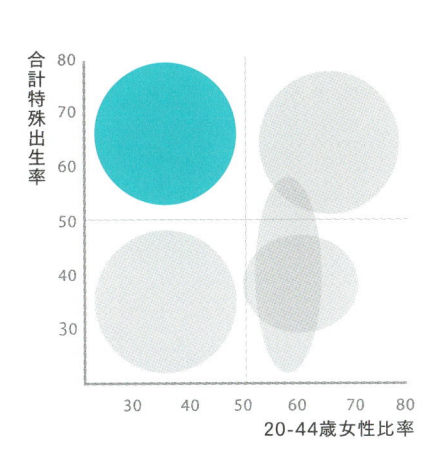

縦軸：合計特殊出生率
横軸：20-44歳女性比率

全自治体に対する割合

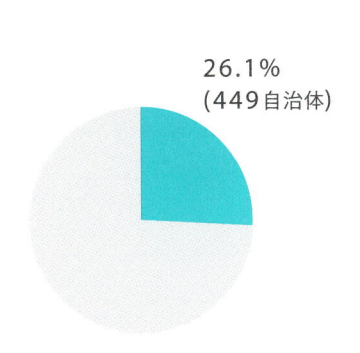

26.1%
（449自治体）

自治体人口規模別分布

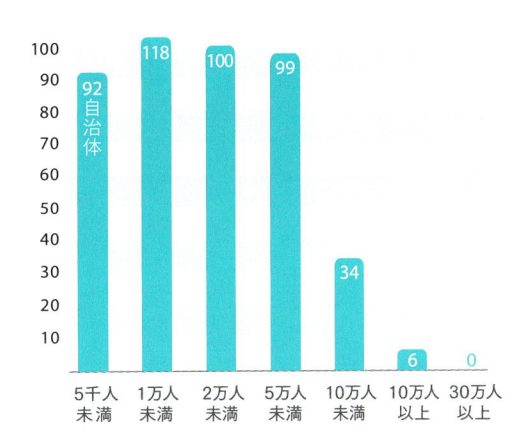

5千人未満	1万人未満	2万人未満	5万人未満	10万人未満	10万人以上	30万人以上
92	118	100	99	34	6	0

3　人口減少要因で見る地方自治体5タイプ

新潟県糸魚川市　　　　　　　　　　　群馬県嬬恋村

20-44歳女性比率
42.7 (10.9%)　　　　　　　　　　　43.1 (11.0%)

20-44歳
女性既婚率
60.3 (60.8%)　　　　　　　　　　　55.3 (58.1%)

合計特殊出生率
58.5 (1.66人)　　　　　　　　　　　51.4 (1.52人)

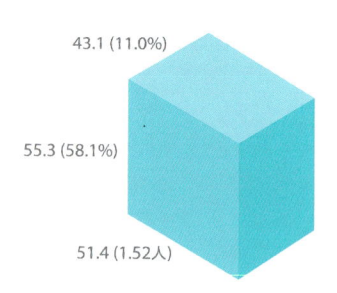

2010年　　P指数 100　　　　　　　　　　　　　100
　　　　（4万7,702人）　　　　　　　　　　（1万183人）

16　　　20歳未満　男女　　　　　　16
12　　　20-44歳　男性　　　　　　13
11　　　20-44歳　女性　　　　　　11

　　　　45-64歳　男女
28　　　　　　　　　　　　　　　　31
33　65歳以上　男女　　　　　　　 29

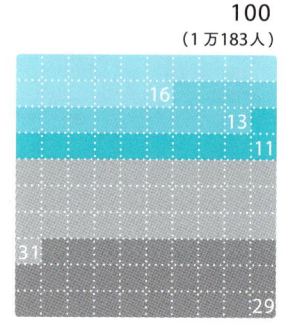

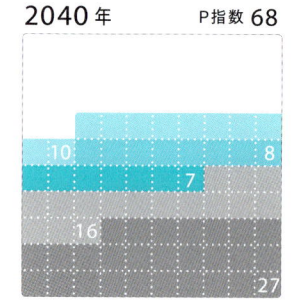

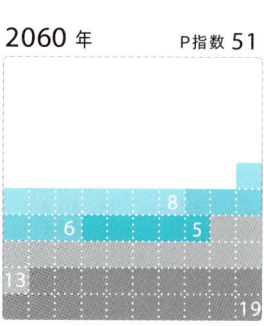

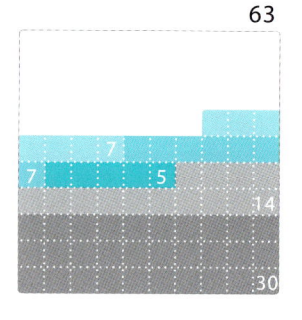

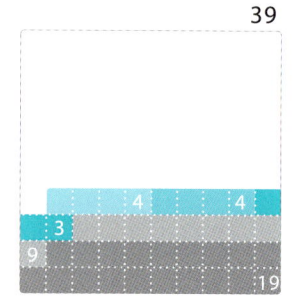

2040年　　P指数 68　　　　　　　　　　　　　63

10　　　　　　8　　　　　　　　　7　　　　　　7
7　　　　　　　　　　　　　　　　7　　　5
16　　　　　　　　　　　　　　　　　　　　14
　　　　　　27　　　　　　　　　　　　　　30

2060年　　P指数 51　　　　　　　　　　　　　39

6　　8　5　　　　　　　　　　　　　4　　4
　　　　　　　　　　　　　　　　3
13　　　　　　　　　　　　　　　9
　　　　　19　　　　　　　　　　　　　　19

096 | 097

宮崎県日南市

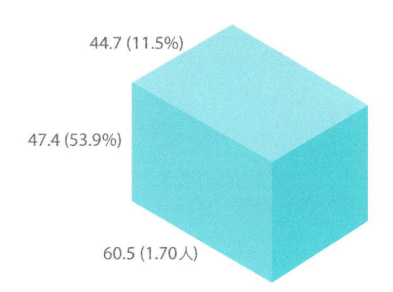

44.7 (11.5%)
47.4 (53.9%)
60.5 (1.70人)

島根県隠岐の島町

38.8 (9.9%)
60.2 (60.8%)
63.5 (1.76人)

100
(5万7,689人)

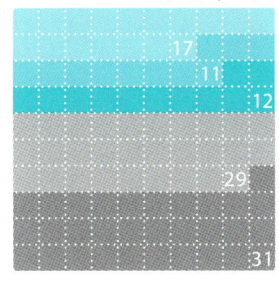

17
11
12
29
31

100
(1万5,521人)

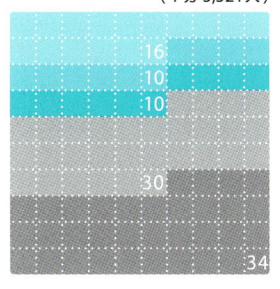

16
10
10
30
34

67

10
8   7
15
27

58

7
6   5
12
28

48

7
6   5
11
19

37

4
4   4
8
17

3 人口減少要因で見る地方自治体5タイプ

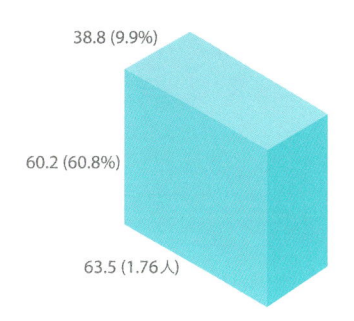

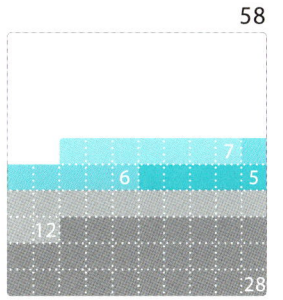

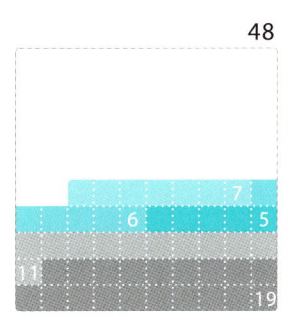

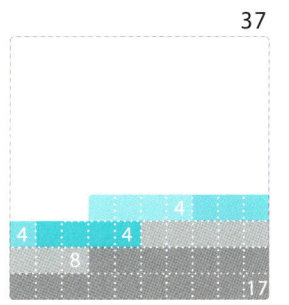

グループB　産み控え型

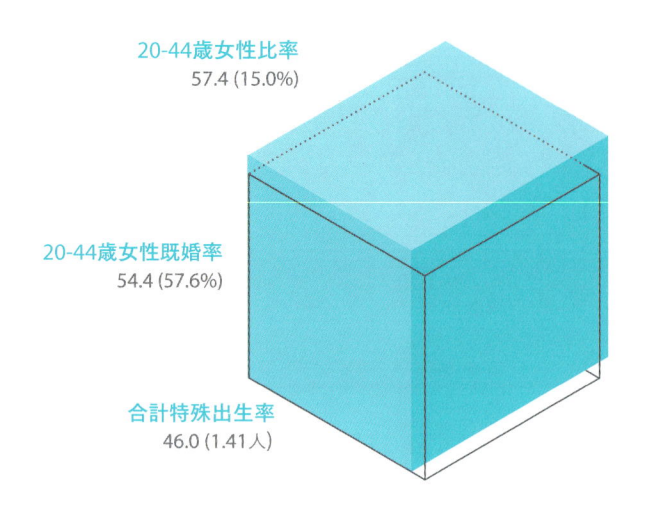

20-44歳女性比率
57.4 (15.0%)

20-44歳女性既婚率
54.4 (57.6%)

合計特殊出生率
46.0 (1.41人)

　全自治体の10%以下と最も小さなグループ。20-44歳女性の数も多く、結婚もするものの、子どもを産まない、産む数を控える傾向がある地域。

　2-30万人未満の中・大都市に多い。茨城・栃木・群馬と北関東3県や岐阜と大都市の周辺自治体に多く、日本地図上では中日本と呼ばれる本州の真ん中付近に集中している。また、富山県は15自治体中10自治体が該当するなど、産み控え先進地域と言える。ほとんどの県庁所在地が「グループC 独身女性たくさん型」なのに対して、富山市と津市はこのグループに属する。

　結婚している若年女性の数が多いため、子どもを産み育てることを後押しする環境、インフラ、制度を整え、地域全体に子どもを産み育てやすい地域風土を豊かにする必要がある。共働き率が高い富山県で多いことから、働きながら産み育てることへの障壁がある地域が多いと想定されるため、その対策も重要 (p.146)。

都道府県別分布

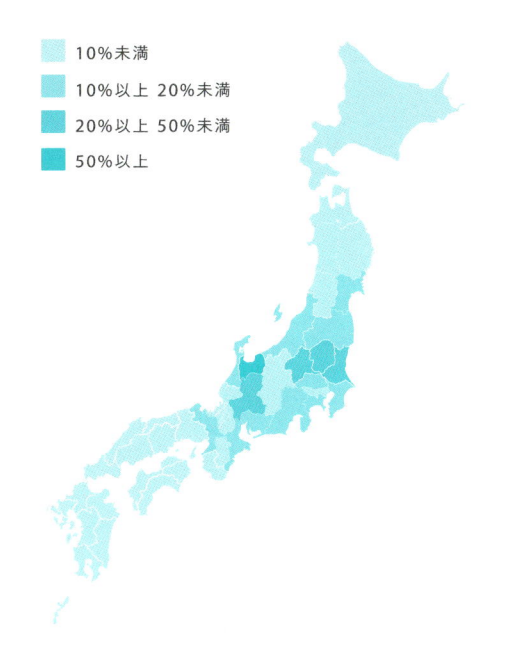

- 10%未満
- 10%以上 20%未満
- 20%以上 50%未満
- 50%以上

ポジショニング

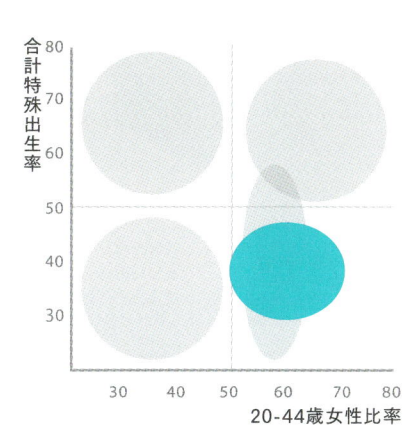

合計特殊出生率

20-44歳女性比率

全自治体に対する割合

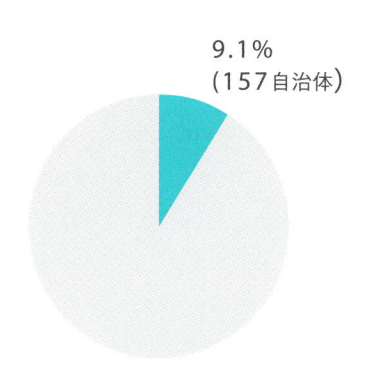

9.1%
(157自治体)

自治体人口規模別分布

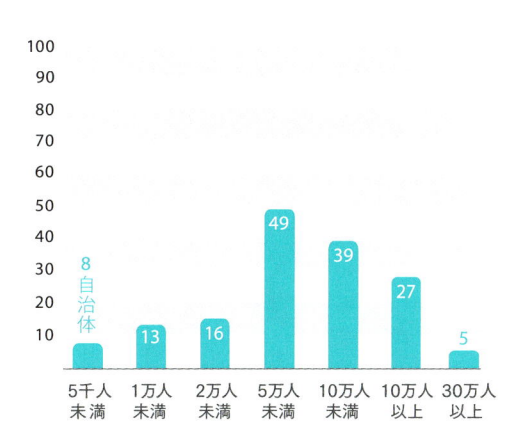

人口規模	自治体数
5千人未満	8
1万人未満	13
2万人未満	16
5万人未満	49
10万人未満	39
10万人以上	27
30万人以上	5

3 人口減少要因で見る地方自治体5タイプ

茨城県牛久市

20-44歳女性比率
61.9 (16.2%)

20-44歳
女性既婚率
51.7 (56.2%)

合計特殊出生率
45.8 (1.41人)

富山県富山市

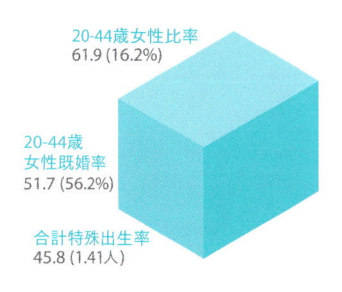

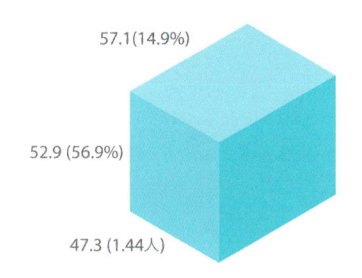

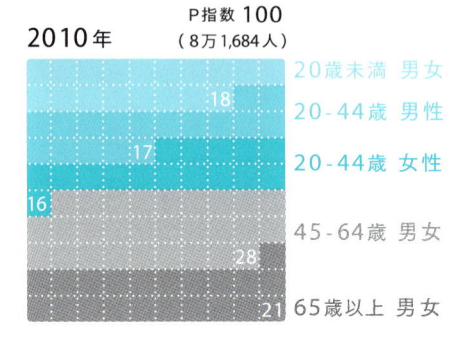

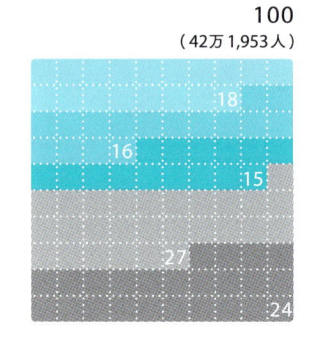

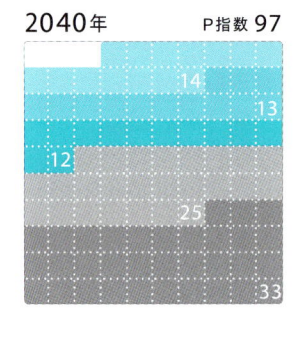

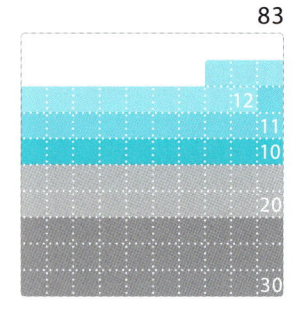

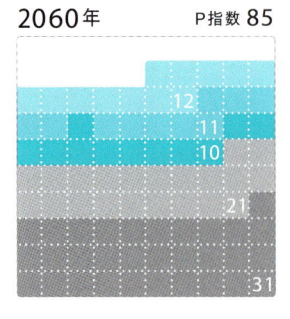

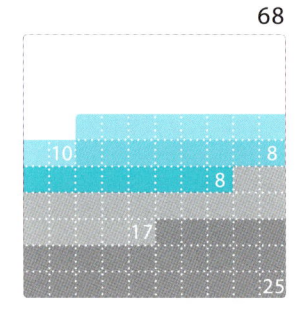

57.1 (14.9%)

52.9 (56.9%)

47.3 (1.44人)

2010年 P指数 100
（8万1,684人）

20歳未満 男女
20-44歳 男性
20-44歳 女性
45-64歳 男女
65歳以上 男女

18
17
16
28
21

100
（42万1,953人）

18
16
15
27
24

2040年 P指数 97

14
13
12
25
33

83

12
11
10
20
30

2060年 P指数 85

12
11
10
21
31

68

10
8
8
17
25

岐阜県羽島市　　　　　　　　三重県桑名市

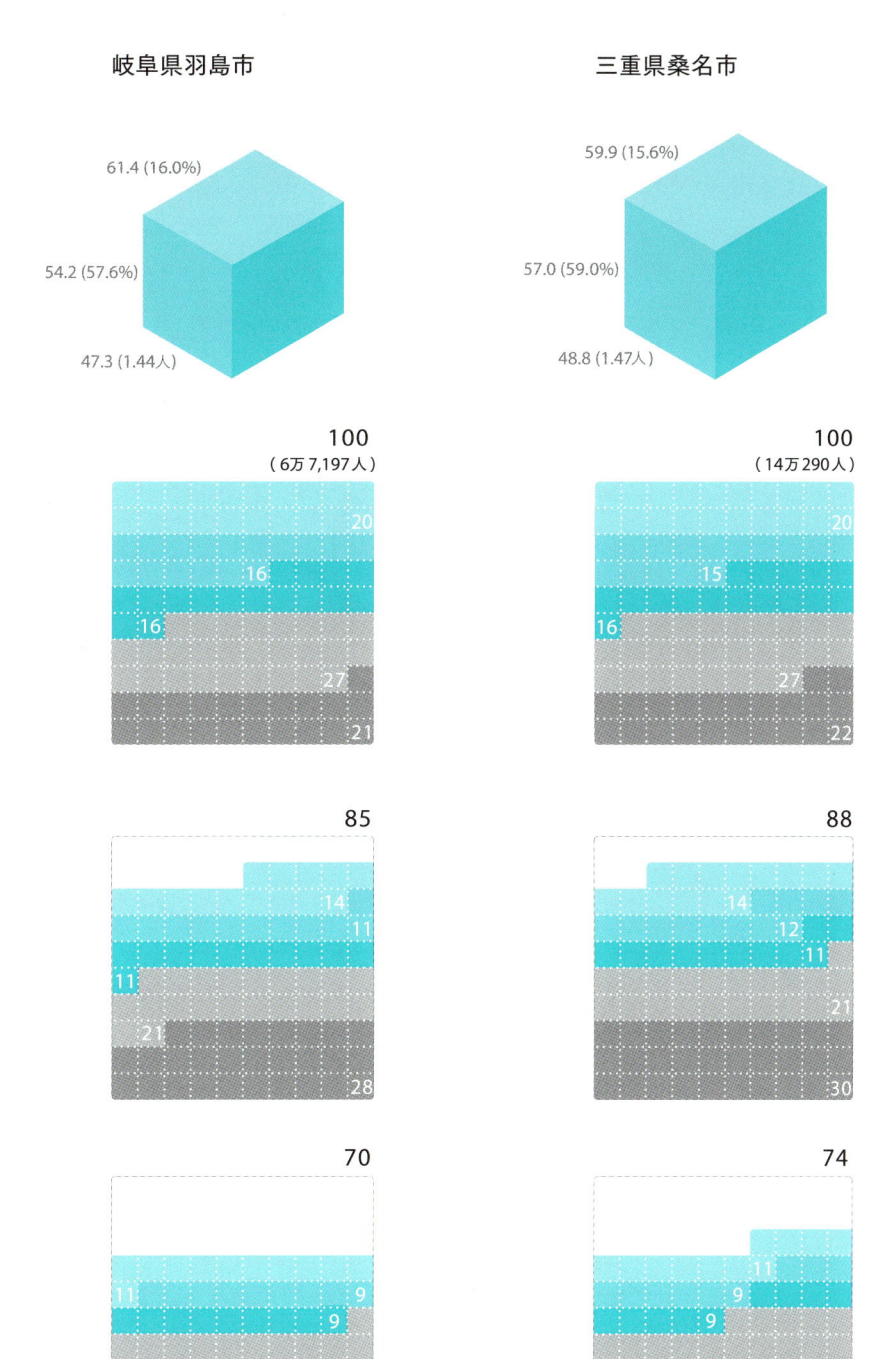

61.4 (16.0%)　　　　　　　　59.9 (15.6%)
54.2 (57.6%)　　　　　　　　57.0 (59.0%)
47.3 (1.44人)　　　　　　　　48.8 (1.47人)

100　　　　　　　　　　　　　100
(6万7,197人)　　　　　　　　(14万290人)

20　　　　　　　　　　　　　20
16　　　　　　　　　　　　　15
16　　　　　　　　　　　　　16
27　　　　　　　　　　　　　27
21　　　　　　　　　　　　　22

85　　　　　　　　　　　　　88

14　　　　　　　　　　　　　14
11　　　　　　　　　　　　　12
11　　　　　　　　　　　　　11
21　　　　　　　　　　　　　21
28　　　　　　　　　　　　　30

70　　　　　　　　　　　　　74

11　　　　　　　　　　　　　11
9　　　　　　　　　　　　　9
9　　　　　　　　　　　　　9
18　　　　　　　　　　　　　19
23　　　　　　　　　　　　　26

3　人口減少要因で見る地方自治体5タイプ

グループC　独身女性たくさん型

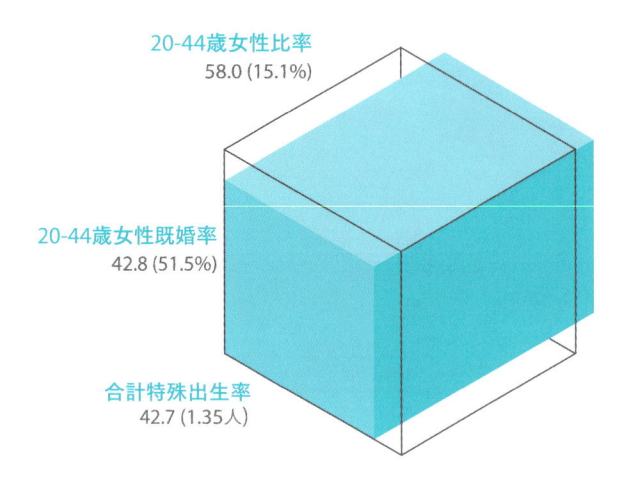

20-44歳女性比率
58.0 (15.1%)

20-44歳女性既婚率
42.8 (51.5%)

合計特殊出生率
42.7 (1.35人)

　20-44歳の出産適齢女性はたくさん住んでいるものの、結婚せず、子どもを産まない人が多いエリア。5グループ中最も出生率と既婚率が低い。

　全47中40の都道府県庁所在都市、全20政令指定都市を含むように、大都市が多いのが特徴的。

　東京、埼玉、神奈川、大阪の自治体の過半数を占めるなど大都市圏に多いものの、北は青森から南は佐賀まで濃い色のエリア（20%以上）が分布しているように、全国各地に万遍なく存在している。

　若年女性人口は多いため、婚姻、出産へとつなげる対策が必要。特に第一ステップとして既婚率を高めるために、結婚につながる縁づくり(p.135)、都市型生活の中で他人とつながる都市型、テーマ型コミュニティづくり(p.185)に力を入れる必要がある。

都道府県別分布

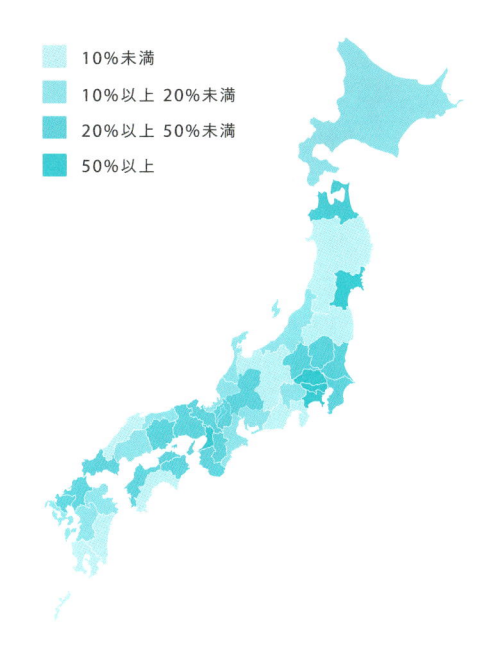

- 10%未満
- 10%以上 20%未満
- 20%以上 50%未満
- 50%以上

ポジショニング

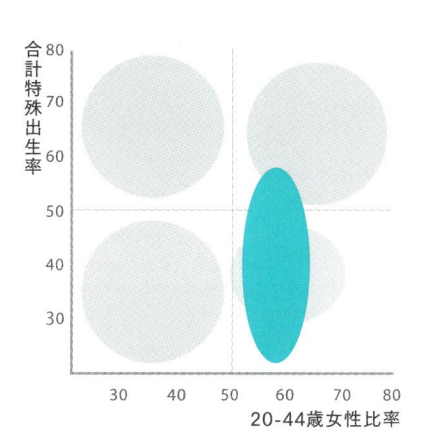

縦軸: 合計特殊出生率
横軸: 20-44歳女性比率

全自治体に対する割合

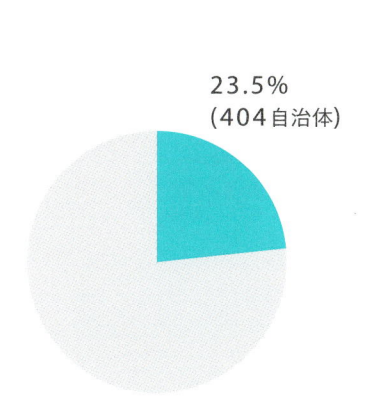

23.5%
(404自治体)

自治体人口規模別分布

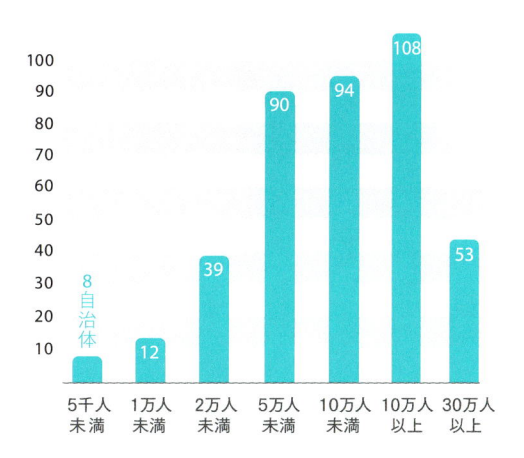

人口規模	自治体数
5千人未満	8
1万人未満	12
2万人未満	39
5万人未満	90
10万人未満	94
10万人以上	108
30万人以上	53

3　人口減少要因で見る地方自治体5タイプ

神奈川県小田原市

- 20-44歳女性比率 59.1 (15.4%)
- 20-44歳女性婚姻率 44.2 (52.2%)
- 合計特殊出生率 41.2 (1.32人)

2010年　P指数 100（19万8,327人）

- 20歳未満 男女: 18
- 20-44歳 男性: 16
- 20-44歳 女性: 15
- 45-64歳 男女: 27
- 65歳以上 男女: 24

2040年　P指数 81

- 12
- 10
- 10
- 20
- 29

2060年　P指数 63

- 8
- 8
- 7
- 16
- 24

兵庫県神戸市

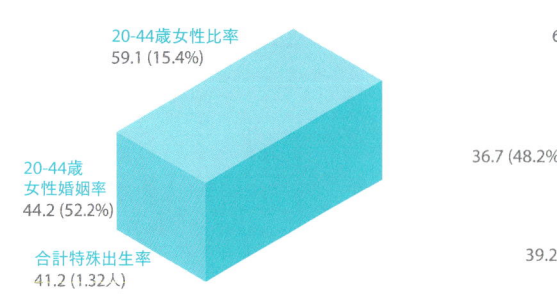

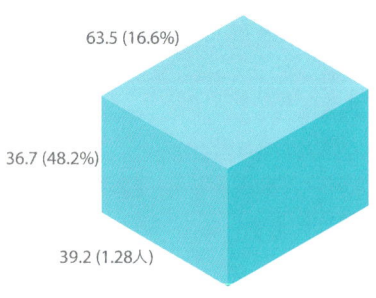

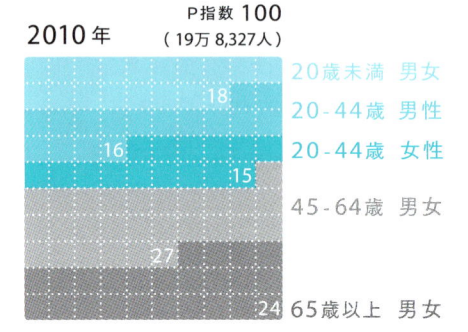

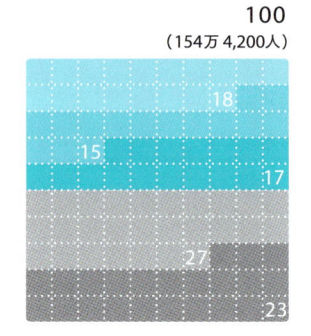

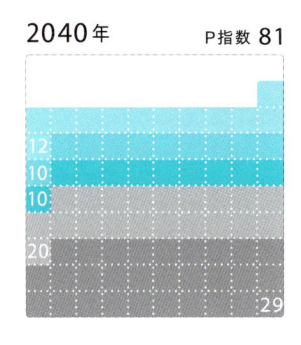

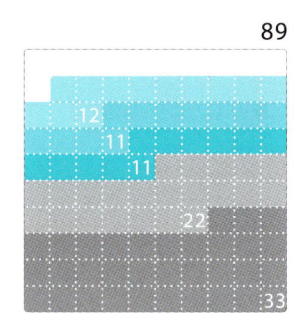

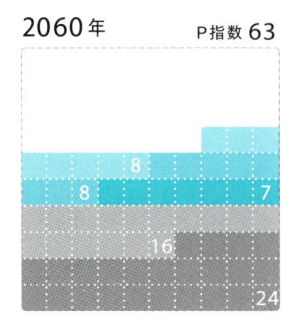

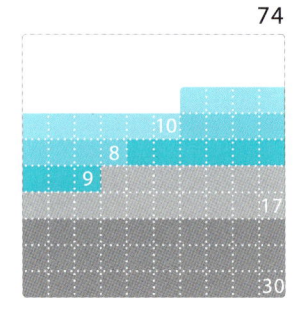

- 63.5 (16.6%)
- 36.7 (48.2%)
- 39.2 (1.28人)

2010年　100（154万4,200人）

- 18
- 15
- 17
- 27
- 23

2040年　89

- 12
- 11
- 11
- 22
- 33

2060年　74

- 10
- 8
- 9
- 17
- 30

大分県由布市　　　　　　　　　　　東京都立川市

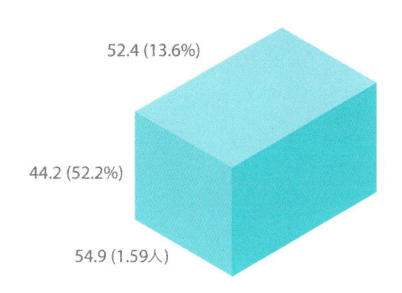

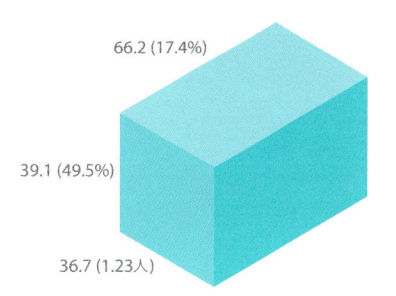

52.4 (13.6%)　　　　　　　　　　66.2 (17.4%)
44.2 (52.2%)　　　　　　　　　　39.1 (49.5%)
54.9 (1.59人)　　　　　　　　　　36.7 (1.23人)

100　　　　　　　　　　　　　　100
（3万4,702人）　　　　　　　　（17万9,668人）

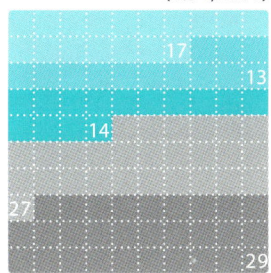

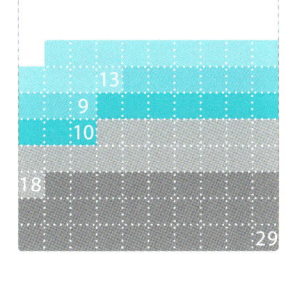

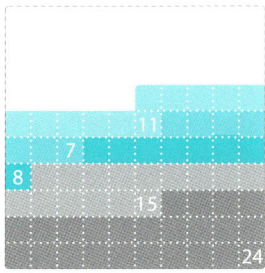

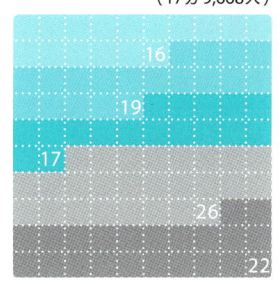

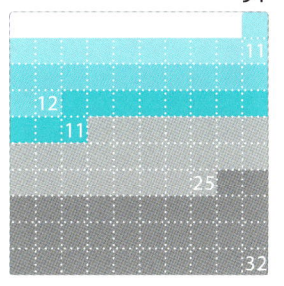

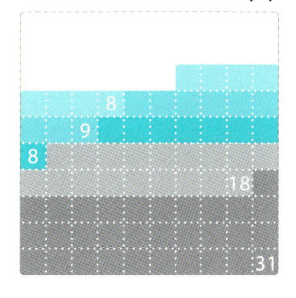

17　　　　　　　　　　　　　　16
13　　　　　　　　　　　　　　19
14　　　　　　　　　　　　　　17
27　　　　　　　　　　　　　　26
29　　　　　　　　　　　　　　22

79　　　　　　　　　　　　　　91

　　　　　　　　　　　　　　　　11
13　　　　　　　　　　　　　　12
9　　　　　　　　　　　　　　11
10　　　　　　　　　　　　　　25
18
29　　　　　　　　　　　　　　32

65　　　　　　　　　　　　　　74

　　　　　　　　　　　　　　　　8
11　　　　　　　　　　　　　　9
7　　　　　　　　　　　　　　8
8　　　　　　　　　　　　　　18
15
24　　　　　　　　　　　　　　31

3　人口減少要因で見る地方自治体5タイプ

グループD　いない産まない型

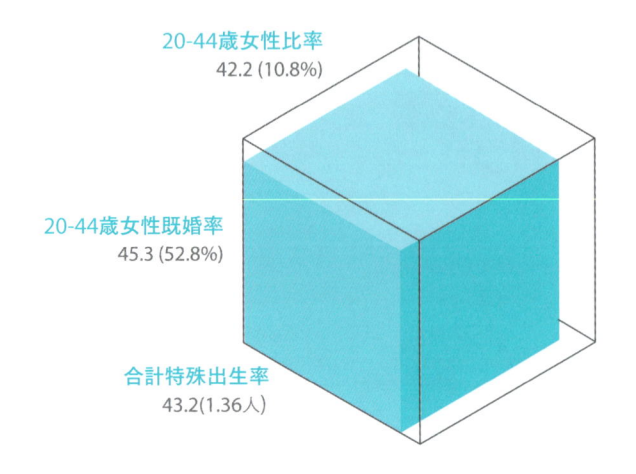

20-44歳女性比率
42.2 (10.8%)

20-44歳女性既婚率
45.3 (52.8%)

合計特殊出生率
43.2(1.36人)

　子どもを産む世代である20-44歳女性の比率が低く、数少ない女性の既婚率も低く、数少ない既婚女性の出生率も低い地域。3要因の相乗効果により、地域によっては2060年の人口が2010年比でマイナス5割から7割と、急激に減少する可能性がある。

　5万人以上の中・大規模自治体には少なく、5万人未満の小規模自治体に多い。過疎化が進む中山間・離島地域の比率も高い。

　人口減少が急激に進むことを前提に、地域の産業・暮らしの未来を描くビジョンづくり、そのビジョン実現のためのアクションづくり、そのアクションを実行する人づくりなど、総合的な対策に取り組む必要がある(p.175)。

　小規模な自治体は大都市圏からの移住による効果が大きいため、地域ならではの魅力を磨き、ビジョンを掲げ、環境を整え、人材を呼び寄せる対策も同時に重要(p.119)。

都道府県別分布

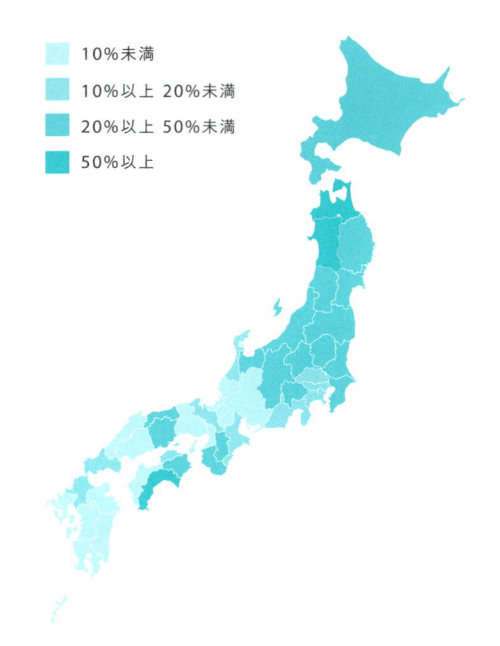

- 10%未満
- 10%以上 20%未満
- 20%以上 50%未満
- 50%以上

ポジショニング

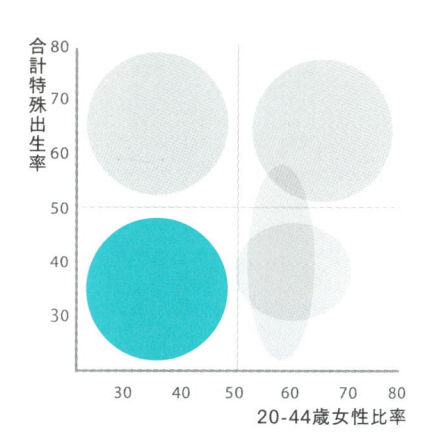

合計特殊出生率 (縦軸)
20-44歳女性比率 (横軸)

全自治体に対する割合

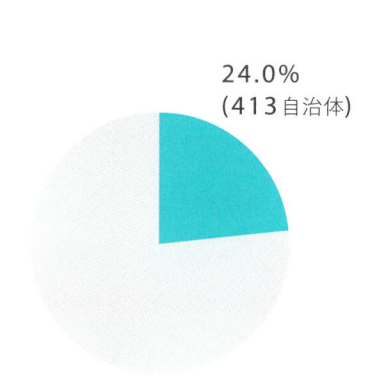

24.0%
(413自治体)

自治体人口規模別分布

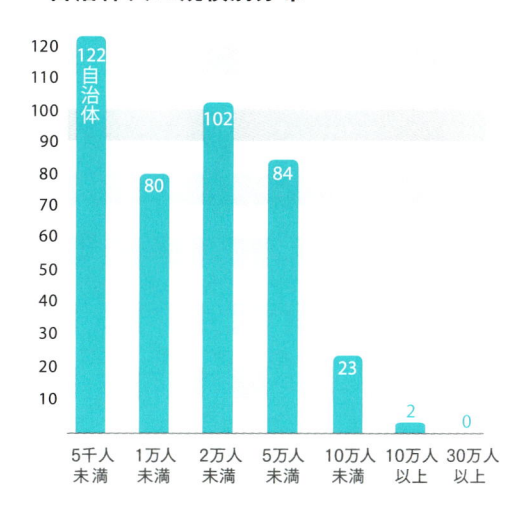

人口規模	自治体数
5千人未満	122
1万人未満	80
2万人未満	102
5万人未満	84
10万人未満	23
10万人以上	2
30万人以上	0

3 人口減少要因で見る地方自治体5タイプ

高知県佐川町

20-44歳女性比率
43.3 (11.1%)

20-44歳
女性既婚率
42.5 (51.3%)

合計特殊出生率
45.3 (1.40人)

2010年 P指数 100
（1万3,951人）

- 16　20歳未満　男女
- 11　20-44歳　男性
- 11　20-44歳　女性
- 29　45-64歳　男女
- 33　65歳以上　男女

2040年 P指数 70

- 10
- 7
- 7
- 15
- 31

2060年 P指数 51

- 7
- 5　5
- 12
- 22

北海道美唄市

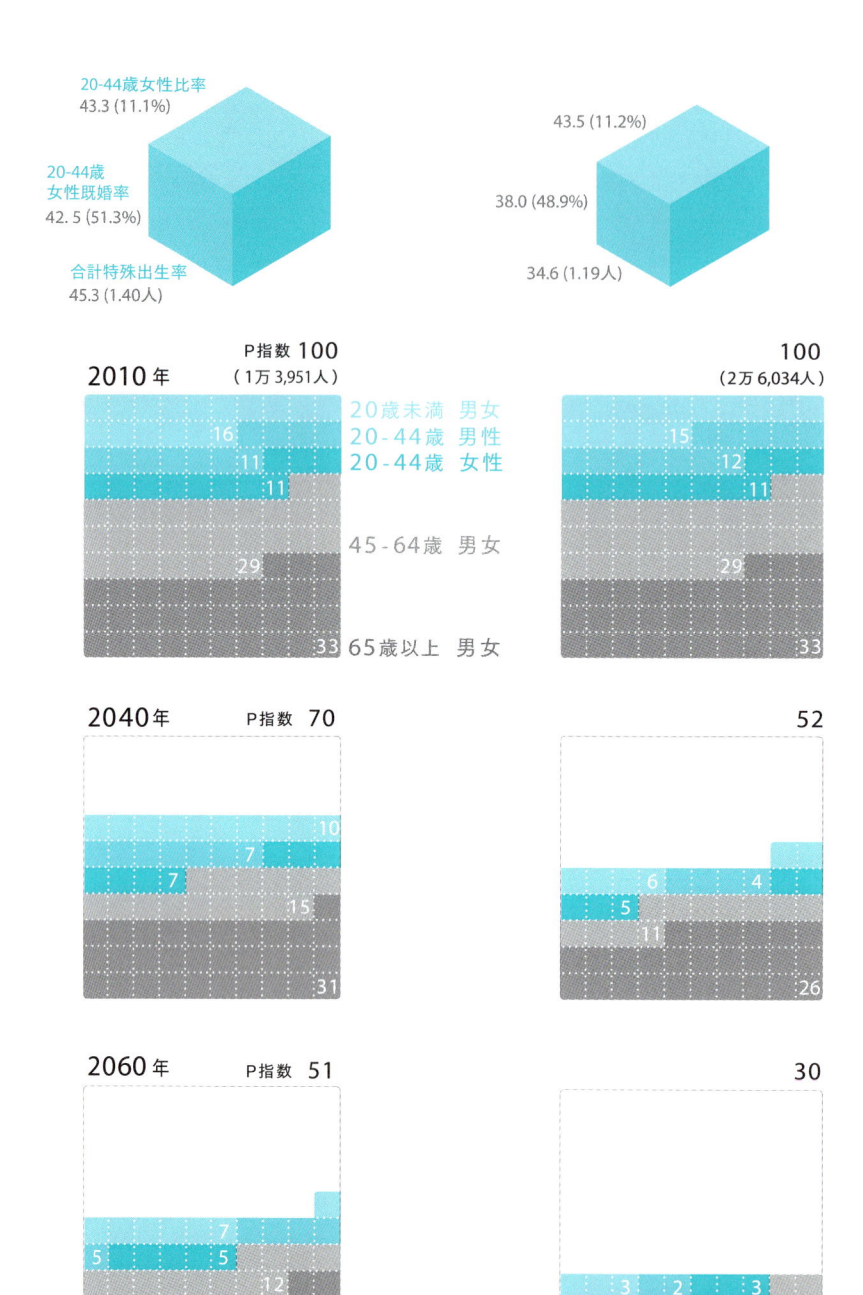

43.5 (11.2%)

38.0 (48.9%)

34.6 (1.19人)

100
（2万6,034人）

- 15
- 12
- 11
- 29
- 33

52

- 6　4
- 5
- 11
- 26

30

- 3　2　3
- 7
- 15

長野県木島平村　　　　　　　　　千葉県いすみ市

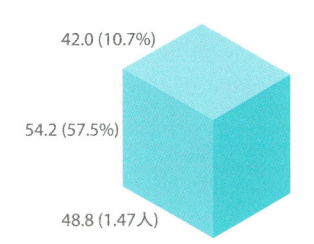

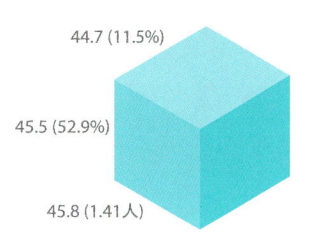

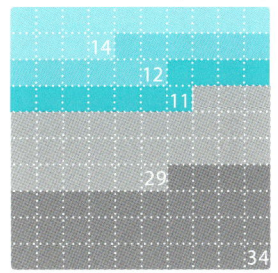

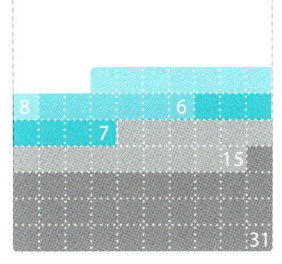

42.0 (10.7%)　　　　　　　　　　44.7 (11.5%)
54.2 (57.5%)　　　　　　　　　　45.5 (52.9%)
48.8 (1.47人)　　　　　　　　　　45.8 (1.41人)

100　　　　　　　　　　　　　　　100
(4,939人)　　　　　　　　　　　　(4万962人)

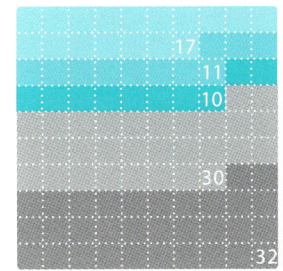

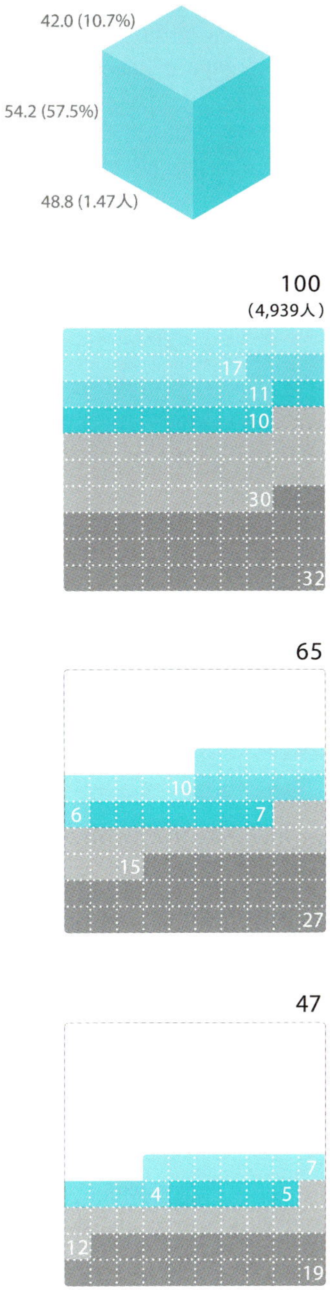

17　　　　　　　　　　　　　　　14
11　　　　　　　　　　　　　　　12
10　　　　　　　　　　　　　　　11
30　　　　　　　　　　　　　　　29
32　　　　　　　　　　　　　　　34

65　　　　　　　　　　　　　　　67

10　　　　　　　　　　　　　　　8　　6
6　　　7　　　　　　　　　　　　7
15　　　　　　　　　　　　　　　15
27　　　　　　　　　　　　　　　31

47　　　　　　　　　　　　　　　47

7　　　　　　　　　　　　　　　　6
4　　5　　　　　　　　　　　　　4　　4
12　　　　　　　　　　　　　　　11
19　　　　　　　　　　　　　　　22

3　人口減少要因で見る地方自治体 5 タイプ

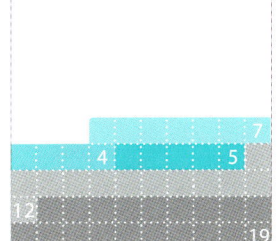

グループE　スローペース型

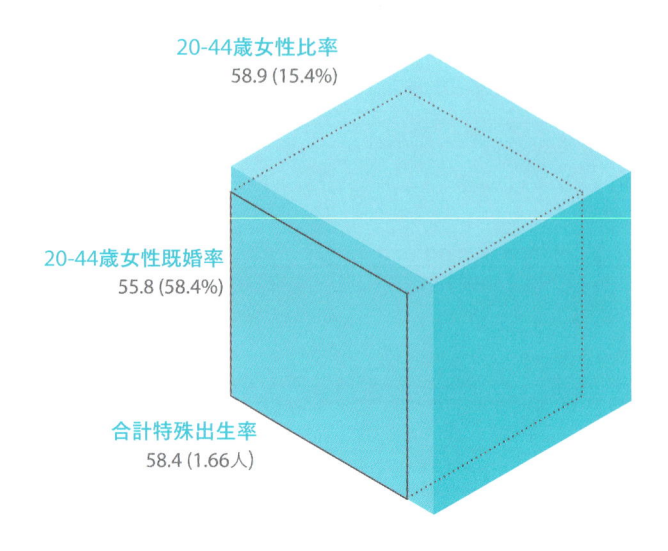

20-44歳女性比率
58.9 (15.4%)

20-44歳女性既婚率
55.8 (58.4%)

合計特殊出生率
58.4 (1.66人)

　20-44歳女性の比率も、その既婚率も、合計特殊出生率も高い3拍子揃った自治体。10万人以上の中・大規模自治体に多い。地域の雇用と経済が底堅い愛知、子育て世帯が集まり人口が近年増加している滋賀、独自の文化と観光資源で人口流入が進み出生率も高い沖縄の3県に多い。

　人口減少が比較的ゆるやかなペースで進み、一部の自治体はしばらく増加すると予測されるが、大半の自治体が3指標ともに徐々に低下しており、近い将来人口減少フェーズに突入する。

　出産適齢女性の数が比較的多く、対策の効果が出やすいため、本格的な人口減少が始まる前の余力がある時期にできるだけ早く対策を講じたい。子育てしやすい環境や風土、女性が生活しやすい環境が整った地域が多いため、その強みを活かした地域ならではの対策を強化・推進するのが効果的（p.146、p.175）。

都道府県別分布

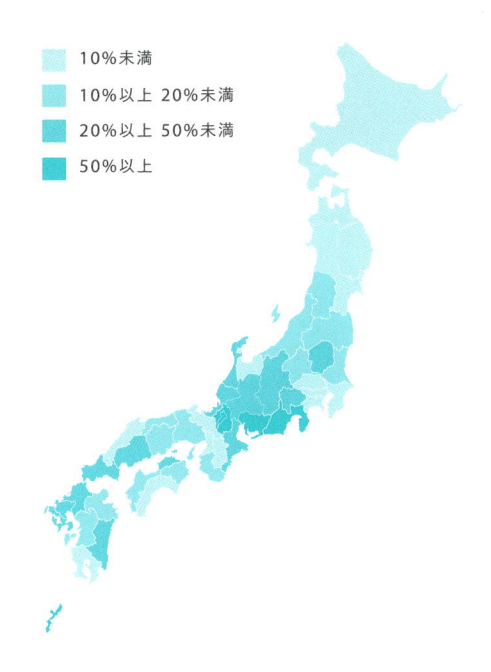

- 10%未満
- 10%以上 20%未満
- 20%以上 50%未満
- 50%以上

ポジショニング

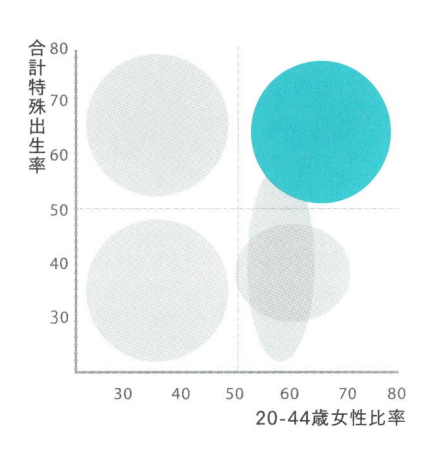

合計特殊出生率 / 20-44歳女性比率

全自治体に対する割合

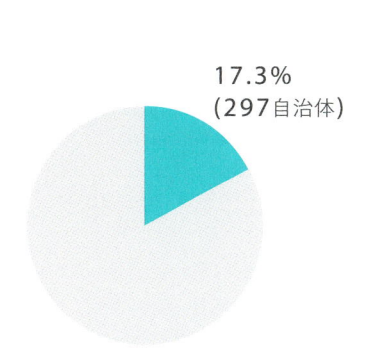

17.3%
(297自治体)

自治体人口規模別分布

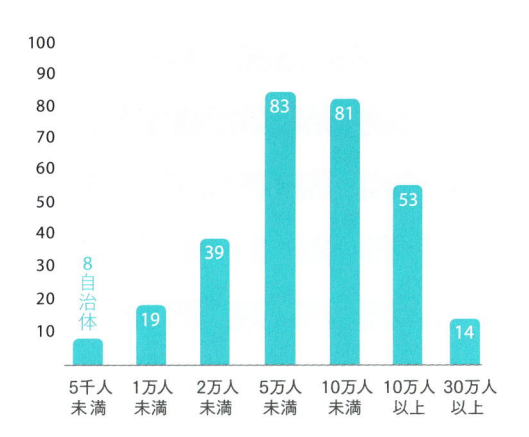

区分	自治体数
5千人未満	8
1万人未満	19
2万人未満	39
5万人未満	83
10万人未満	81
10万人以上	53
30万人以上	14

3 人口減少要因で見る地方自治体5タイプ

山形県東根市

20-44歳女性比率
54.9 (14.3%)

20-44歳
女性既婚率
62.8 (62.1%)

合計特殊出生率
58.5 (1.66人)

2010年　P指数 100　(4万6,414人)
- 19　20歳未満 男女
- 16　20-44歳 男性
- 14　20-44歳 女性
- 26　45-64歳 男女
- 25　65歳以上 男女

2040年　P指数 90
- 15
- 12
- 11
- 23
- 29

2060年　P指数 79
- 13
- 10
- 9
- 19
- 28

滋賀県東近江市

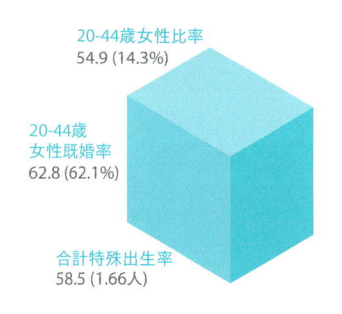

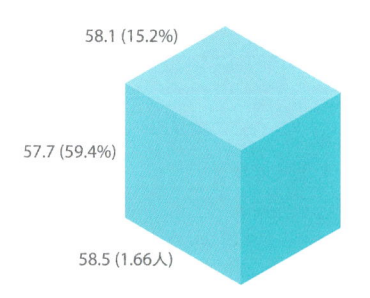

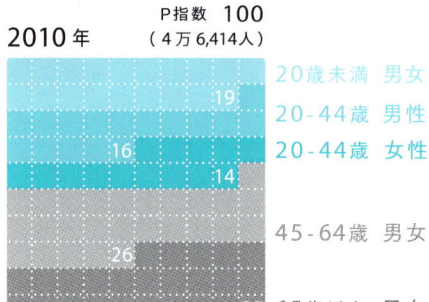

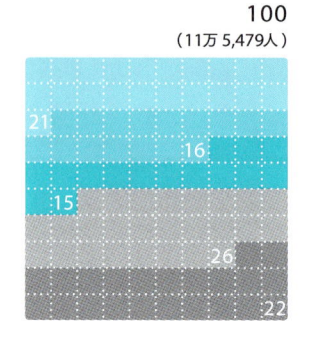

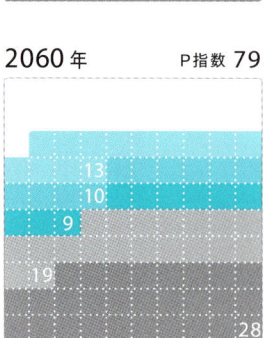

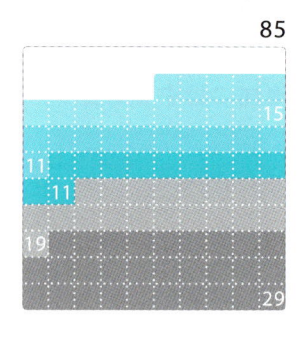

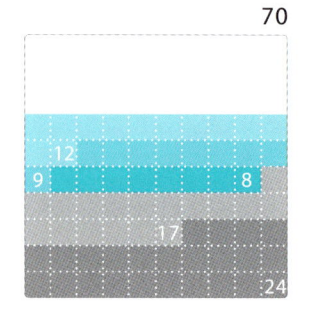

58.1 (15.2%)

57.7 (59.4%)

58.5 (1.66人)

2010年　100　(11万5,479人)
- 21
- 16
- 15
- 26
- 22

2040年　85
- 15
- 11
- 11
- 19
- 29

2060年　70
- 12
- 9　8
- 17
- 24

福井県福井市

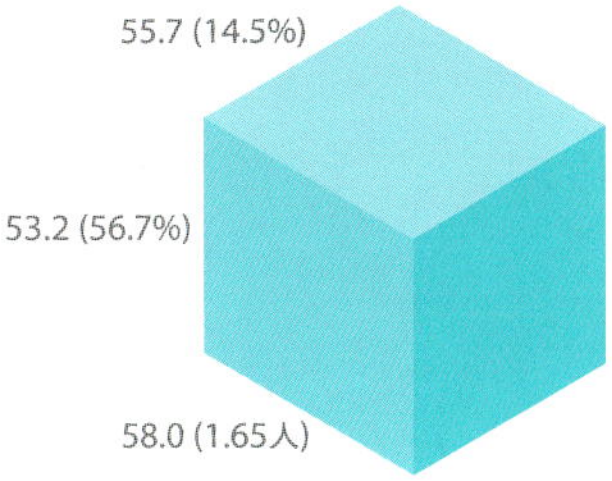

55.7 (14.5%)
53.2 (56.7%)
58.0 (1.65人)

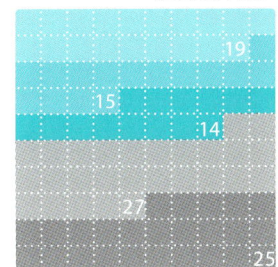

100
（26万6,796人）

19
15　14
27
25

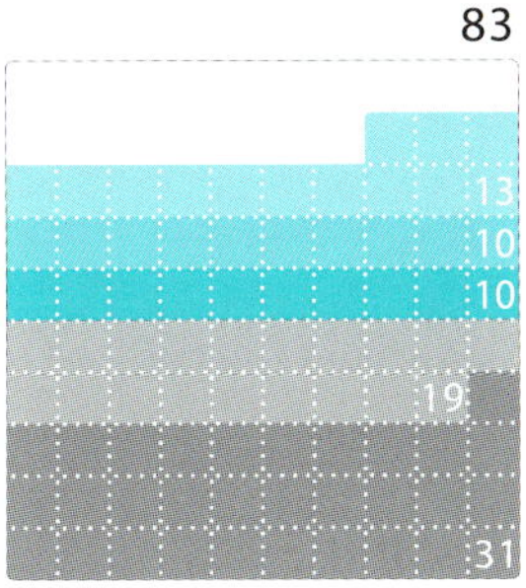

83

13
10
10
19
31

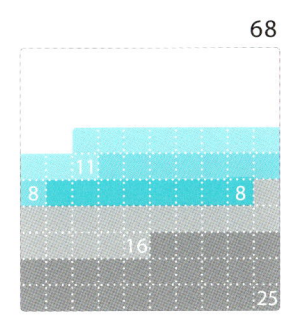

68

11
8　　8
16
25

沖縄県名護市

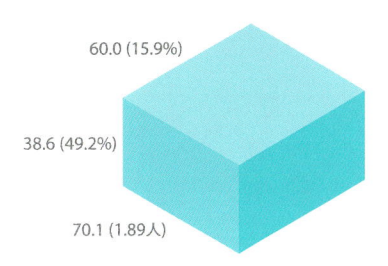

60.0 (15.9%)
38.6 (49.2%)
70.1 (1.89人)

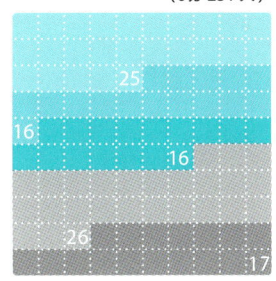

100
（6万231人）

25
16　16
26
17

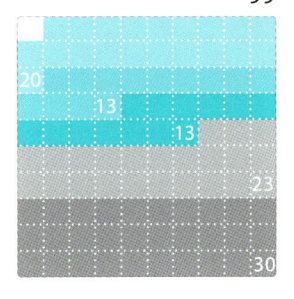

99

20　13
13
23
30

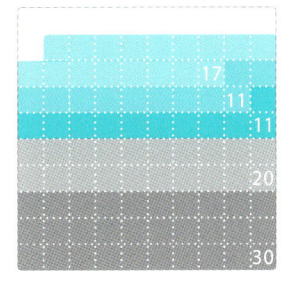

89

17
11　11
20
30

3　人口減少要因で見る地方自治体5タイプ

第 4 章

提言：

人口減少問題へのアプローチ

人口減少のメカニズムと5つの提言

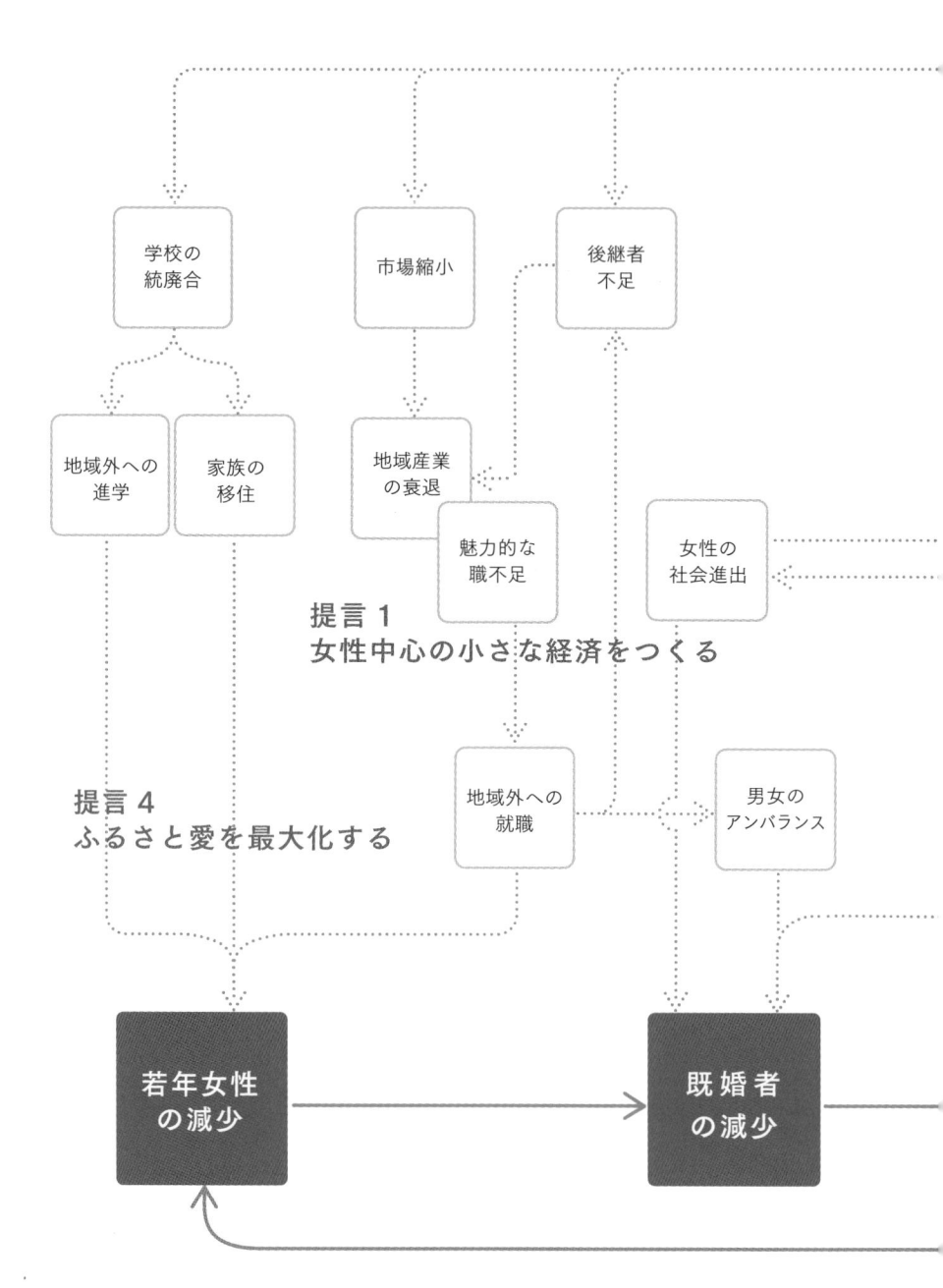

- 学校の統廃合
- 市場縮小
- 後継者不足
- 地域外への進学
- 家族の移住
- 地域産業の衰退
- 魅力的な職不足
- 女性の社会進出

提言1
女性中心の小さな経済をつくる

- 地域外への就職
- 男女のアンバランス

提言4
ふるさと愛を最大化する

- 若年女性の減少
- 既婚者の減少

提言5
非地位財型幸福をまちづくりのKPIに

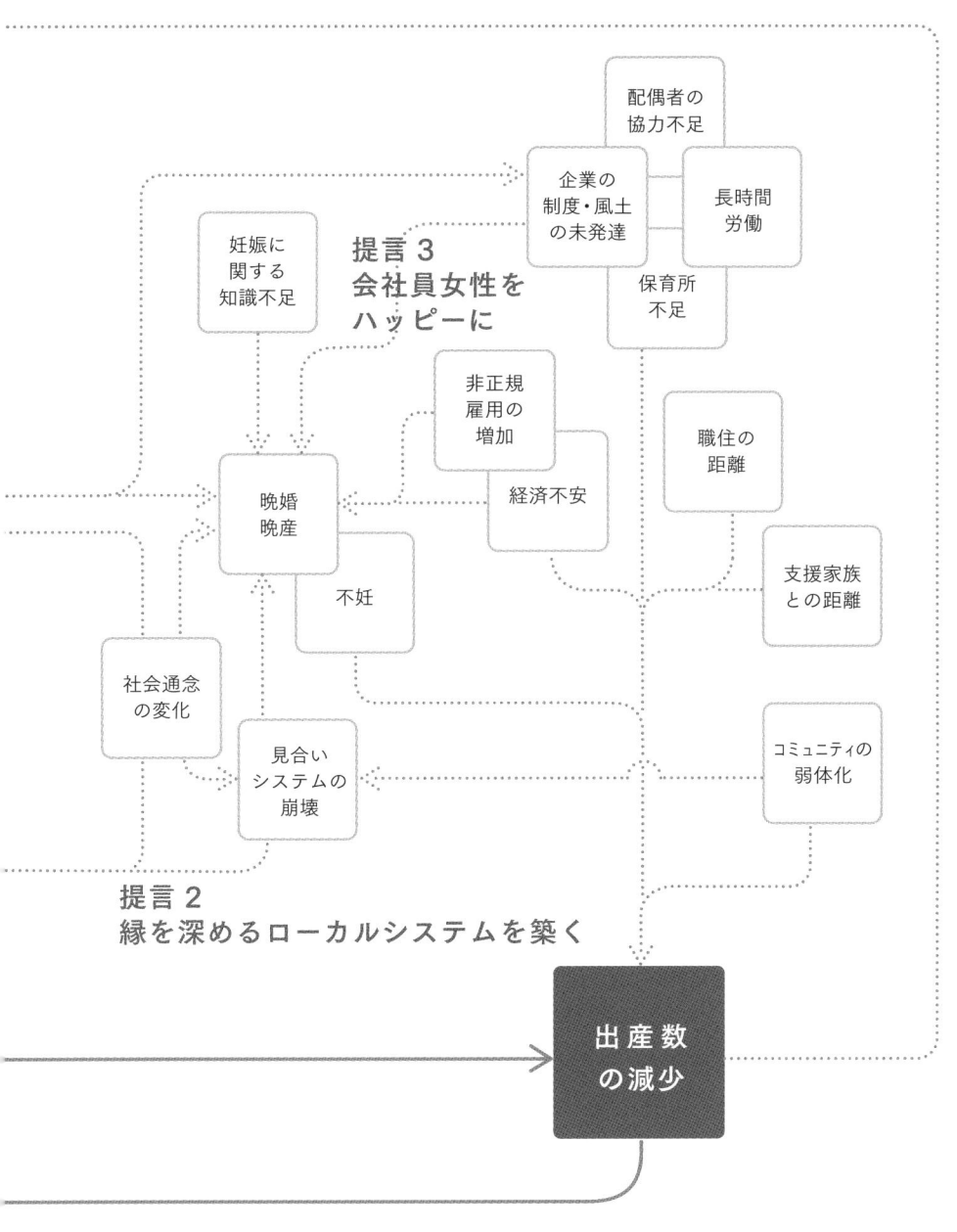

提言3
会社員女性を
ハッピーに

配偶者の協力不足
企業の制度・風土の未発達
長時間労働
保育所不足

妊娠に関する知識不足

非正規雇用の増加
経済不安

職住の距離

晩婚晩産

不妊

支援家族との距離

社会通念の変化

見合いシステムの崩壊

コミュニティの弱体化

提言2
縁を深めるローカルシステムを築く

出産数の減少

前ページは、第1-3章で紹介した日本全体および、地域の人口減少問題の全体構造を表現したものです。日本の人口は、若年女性の減少、既婚率の低下、夫婦あたりの出生数の減少、この3つの要因が重なり、負の相乗効果が生まれ、急激な減少が始まっています。この3大要因の背景には、地域経済の衰退、女性の社会進出、長引く不況、日本企業の風土など、多くの日本社会の変化や問題があります。

　第4章では、こうした構造を前提に、いかに日本が、地域が、企業が、日本人個人が、この問題に立ち向かっていくべきか、そんな未来に向けた提言を行います。

　人口減少という社会問題は日本の未来を根本的に変えうる巨大なテーマです。その対策は、本書では触れていない外国人の移民政策などの国家の外交、経済、国土計画レベルから、働き方、住まい方、夫婦関係など、個人の生活レベルまで、多岐にわたります。これら全てを網羅的に論じて、1つの正しい解を導きだすのは困難です。絶対的な正解などない、そんな時代かもしれません。

　しかし、何が正解かわからないからといって、行動に移さなければ、この巨大な波に飲み込まれてしまうだけです。今できることから始める。そんな考えから、全国各地でのまちづくりやソーシャルデザインの仕事を通じて私なりに考えた、地方自治体レベルですぐに着手できる5つのアクションを提言します。

　なお、この提言は主に人口減少の深刻度が高い地方圏の中小規模の地方自治体を意識しました。

　とるべき対策は自治体の状況によって異なるため、各提言がどれだけ役立つかは、濃淡があるでしょう。各自治体の状況に応じた対策を考える際の参考としていただければ幸いです。

提言1　女性中心の小さな経済をつくる

Story

「『縁』と『塩』をかけた、『田舎のごえん』がいいんでねか」
「川根って地域名も入れた方が良いから、『かわねのごえん』はどう？」
愛知県瀬戸市出身の道川綿未さん(28歳)。
『地域でアートに関わる仕事がしたい』。そんな思いから、縁があった静岡県島田市の地域おこし協力隊に応募し、2013年6月から活動を開始しました。
その活動を通じて、気さくなおじいちゃん2人組に出会います。平口さんと堀田さんです。2人は、川根温泉で以前販売されていた"温泉水からつくる塩"を、販売中止後も趣味でつくり続け、小さなビニールに詰めて細々と配っていました。
そんな温泉塩を知った道川さんは『もっとかわいければ売れるのに』と思い、2人と試行錯誤しながら、商品づくりに取り組み始めたのです。
今日はパッケージデザインとネーミングの打ち合わせ。テーブルには道川さんが持って来た100近い案が広げられ、その上をさまざまな意見が飛び交います。
ネーミングは『かわねのごえん』に、パッケージは赤いチェック柄をキャップ部分に被せた可愛らしいものにと、順調に決まっていきました。しかし、価格の話になると、道川さんとおじいちゃん2人とで大きく意見が分かれました。
「儲けるつもりもねえし、できるだけ安くしてあげた方がいいら」
「2人はそれでいいけど、下の世代はここで稼いで食べていかなくちゃいけないんだよ？　安いからって理由で選ばれる地域になっちゃだめだよ。価値があるものを、安く売る必要はないよ」
道川さんの必死の説得の末、2人が希望していた¥600と道川さんが希望していた¥1,000の間をとって、¥880に落ち着きました。
2014年6月。静岡のローカルテレビに取り上げられると、一日に50件以上の問い合わせがくるように。平口さんと堀田さんは嬉しそうに
「煮詰め方を変えたら、もっと色を綺麗に白く出すことはできないかね」
「ふるいにかけて、粒子をもっと細かくしたらどうだろうか」
と、商品をより良いものにする作戦を練り始めています。
おじいちゃん2人と道川さんの挑戦はまだまだ続きます。

地域に必要な新しい経済

20-30代女性の就業率と出生率

　以前から女性に関する気になるデータがありました（図表4-1）。都道府県別の女性の就業率と合計特殊出生率に相関があるというデータです（相関係数＝0.473）。右上に位置する島根、福井、鳥取、佐賀、宮崎は女性の就業率と合計出生率が高い、すなわち働きながら産み育てる女性が多い地域です。この背景には、3世代同居などの家族環境（育児・家事を祖父母に任せられる）、地価・物価が安いなどの経済環境（金銭的に多くの子どもを育てられる）、共働きが定着しているという社会文化環境など、様々な要因が考えられます。こうした共働き&子

図表4-1　20-30代女性の就業率と合計特殊出生率

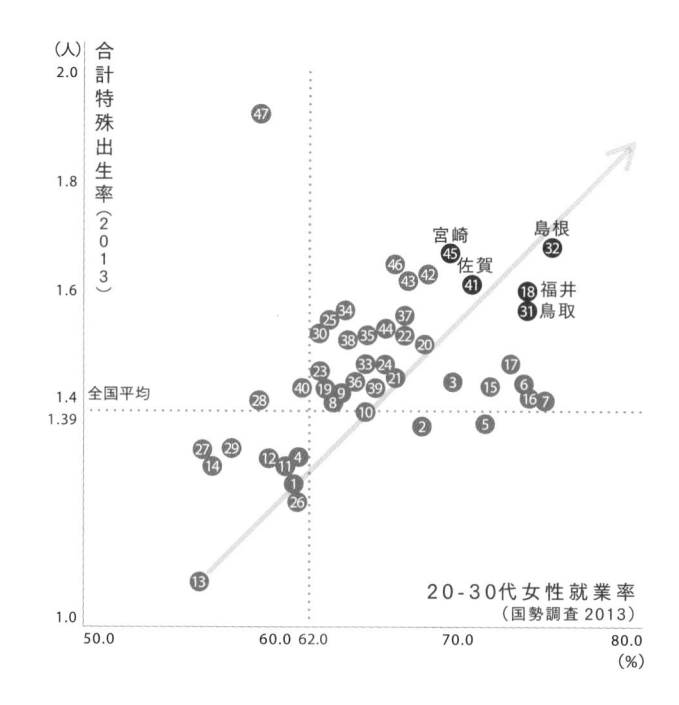

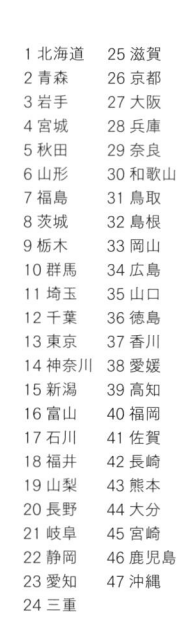

1 北海道	25 滋賀
2 青森	26 京都
3 岩手	27 大阪
4 宮城	28 兵庫
5 秋田	29 奈良
6 山形	30 和歌山
7 福島	31 鳥取
8 茨城	32 島根
9 栃木	33 岡山
10 群馬	34 広島
11 埼玉	35 山口
12 千葉	36 徳島
13 東京	37 香川
14 神奈川	38 愛媛
15 新潟	39 高知
16 富山	40 福岡
17 石川	41 佐賀
18 福井	42 長崎
19 山梨	43 熊本
20 長野	44 大分
21 岐阜	45 宮崎
22 静岡	46 鹿児島
23 愛知	47 沖縄
24 三重	

育て環境が整っている地方都市圏に女性が働ける場をつくることは、若年女性の転出を減らし、Uターン・Iターンを呼び込み、育児と仕事の両立や出産を後押しすることにつながる有効なアプローチです。

地域に必要な、女性中心の小さな経済

それでは、地域にどんな仕事、産業、経済をつくればよいのでしょうか？

地方に雇用をつくることを考えると、たいていたどり着く結論が大企業の製造拠点誘致と公共事業です。これらの方法がどれだけ地域経済に貢献できるかは、私は専門外なのでここではふれません。問題なのは、この仕組みで生まれる雇用は工場や建設現場で働く作業員など男性中心だということです。人口減少に歯止めをかけるためには、地方圏に20-30代を中心とした出産適齢期の女性が働く場が必要なのです。

それでは、今地方圏に求められる女性中心の小さな経済とはどういうものでしょうか？

女性の力を活かし、女性が活躍できる機会の拡大につながる、この経済には3つの特徴があります。

① 手作業・手仕事のクリエイティブ経済

この経済圏では、主に手と身体を使って何かを創る行為から経済が生まれます。料理、裁縫、お花、お菓子、こうした細かい手作業を伴う趣味を仕事にするのはいつの時代にも夢のある働き方の1つでしょう。地域の木材を加工した雑貨製作、旬の青果でお菓子づくり、エコツアーのガイド、手づくりのカフェ経営など、地域ならではの資源に着目し、自分の力で仕事をつくり出している人たちが全国各地に登場しています。地域の基幹産業である一次産業は食の産業です。いつの時代も、新しい食

品を買うのも、食のブームをつくるのも、美味しいと評判の店に並ぶのも、素敵なカフェに集うのも女性です。新しい食の産業の主役はクリエイティブな女性であることが多いのです。

　動画や映像、ウェブサイトやアプリ開発など、ITを活用した手仕事に取り組む若い世代も増えています。この仕事はパソコンとインターネットさえあれば遠隔地でも可能なことが多いため、地方圏で暮らし東京の仕事をこなすライフスタイルを送る人がどんどん増えています。

② 少生産・少消費のマイクロ経済
　この経済の特徴は規模が小さいことです。従来型のビジネスの発想では、効率性・収益性の観点から、少ない品種の大量生産・大量消費を追求しがちです。全国チェーンの飲食店や100円ショップがその代表例でしょう。

　しかし、この経済は手作業・手仕事が基本ですから、大量にはつくれません。少量生産です。手作業ですから機械のように効率的にとはいきません。どうしても人件費はかさみます。しかし、地方圏での小規模生産は、原価を下げる方法が色々あります。お店や工房の賃料も安く、規格外の食材や間伐材などを格安で手に入れることもできます。大都市圏での生活と比べて生活費も抑えることができます。

　地域には少量多品種の資源があふれています。スーパーの生鮮売り場にいくと、全国どこでもほぼ同じ形のF1品種*と呼ばれる野菜が並んでいます。育てやすく形も整ったF1品種は大規模生産・大規模消費経済では効率がいいためです。しかし一方で、日本各地には在来種と呼ばれる、その土地固有の野菜がたくさんあります。山形県鶴岡市には現在確認されているだけで

* 異なる系統や品種の親を交配して得られる作物や家畜の優良品種。収量が安定して形がそろった作物ができるため、取扱いしやすく、日本の現在の市販野菜の大半を占める

50種を超える品種が受け継がれており、この在来種を活かした食と観光のまちづくり*が進められています。

日本の漁港には様々な魚が水揚げされます。雑魚(ざこ)と呼ばれる小魚や規格外の魚は安価で取引されたり捨てられたりしてしまいます。愛媛県伊予市の道の駅ふたみ**では、地元の漁協女性部が旬の雑魚でつくった「じゃこ天」が大人気です。その場で揚げたてを食べられ、ハートの形をした「ラヴじゃこ天」などのユニークな商品づくりに取り組んでいます。

少量販売の場合、必要としている人に届けることができれば、多少高くても買ってもらえます。インターネットの普及で、ニッチな商品やサービスのファンを見つけることも容易になりました。

北海道富良野に1日18個限定でプリンのみを発売するお店があります。プリンといっても直径20センチの陶器に入った8人前の大きなもので、1個2,600円です。昔は私もよく購入していたのですが、最近では1ヶ月待ち状態。本州配送は3ヶ月待ちだそうです。

③ つながりから生まれるコミュニティ経済

3つめの特徴は、自分の生活圏の中で経済が回っていて、生活コミュニティと仕事コミュニティが一体化していることです。この経済圏では地域のつながり、コミュニティとの関係が事業の大切な糧となります。地方圏に増えつつあるカフェ経営はその典型でしょう。福井県内陸部、人口3万人の街、大野市。この小さな街に実に素敵で個性的なカフェが3軒あります。

1つは「うおまさcafé***」。店主は60周年を迎えた老舗魚屋「魚正」の次女として生まれた、山本恭子さん。実家の魚屋を活かし、冠婚葬祭の宴会もできる広間を併設したカフェを2013年夏にオープンしました。

---

* 山形県鶴岡市では、在来野菜の味を活かした料理の提供、レシピ集の販売や、在来野菜の展示・販売等を行う「朝ミュージアム」の開催、在来作物のなど、食と観光のまちづくりが行われている

** 夕日の美しい町、愛媛県伊予市双海町のふたみシーサイド公園内の道の駅。NPO法人地域活性化センターより「恋人の聖地」に認定される（futamiseaside.com）

*** 大野市明倫町9-10、営業時間：10:00-18:00(金・土は23:00まで)
定休日：火・日

「美しく、健康になる食」をテーマに、魚はもちろん、大野産の野菜や発酵食品、特産品である上庄里芋のころ煮などの郷土料理にこだわったメニューも並びます。食文化を次世代につなぐ若いお母さんたちにも来てもらいたいと、インテリアはおしゃれな和風モダン。乳児を寝かせられる掘りごたつの席もあります。

　2つ目は、2010年に福井市内からの移住者が、古民家を改築してつくった「Café　Name came Ono*」。「人や文化のつながりが生まれる場所を」と、カフェづくりの過程でも、店名のアイデアや食器選び、改装作業を地元の人と一緒につくりあげました。主婦や若者が独自で企画したヨガ教室や赤ちゃんマッサージ講座も開催される、地域コミュニティの中心のようなスペースです。

　3つ目は、地元出身の若者が東京から戻り起業した、豆や焙煎方法にこだわり本格的なコーヒーを楽しめるカフェ「モモンガコーヒー**」です。店主（通称：マッキー）は大学進学を機に上京、大手電機メーカーに就職しました。「何もない大野が嫌いで、家庭の事情で帰郷したんですが、東京に戻りたくて仕方がなかった」と。そんな時、何気なく訪れた地域の祭を同年代の若者たちが仕切っていることに衝撃を受けたとのこと。その後、同級生に誘われて参加した街の活性化ワークショップで、「マッキーは何をしたいの？」と聞かれて「大野でコーヒーショップをやる」と宣言したところ、「応援するよ！」とみんなに背中を押されてあれやこれやと開店。どんどん友人の輪が広がり、仲間みんなの手づくりで内装、メニュー、紹介映像までつくり、2014年春にオープンしました。お店は地域の人でいっぱいで、「忙しすぎて倒れそうだ（笑）」と話してくれました。

* 大野市篠座町7-2
営業日時は不定期

** 大野市元町8-17
営業時間：10:00-19:00
定休日：火

こうした3つの特徴を持つ仕事は必ずしも女性だけが力を発揮できるものではありません。しかし、少量で手作業の仕事は、時間や場所の融通が効きやすく、子育てと両立しやすい側面があります。新しいコミュニティに入り込み、関係を築くことが上手な人は女性に多い印象です。女性がより活躍できる機会が多い仕事ではないでしょうか。

小さな経済づくりのためのアクション

　こうした小さな経済を地域に生みだしていくために、小さな起業家をどんどん増やしていくために、地域には何が必要でしょうか。受け入れ側である行政の視点で、3つのアクションを提案します。

アクション1　必須3スキルを教育に組み込む

　カフェ、雑貨、スイーツ、ツアー。地域の資源を活用し、小さな経済をつくるために誰もが学ぶべき新・必須3科目が、リサーチ、デザイン、ITです。

　この3つの作法を学ぶ場を、小学校・中学校等の初等教育、起業を志す若者や創作活用に意欲的な住民のための生涯教育の中に組み込んでいく必要があります。

科目1　リサーチ：社会のニーズと地域資源を探る

　リサーチ、日本語にすると調査です。ビジネスの基本は調べることです。

　ここでは、リサーチを次のとおり定義します*。
「自分がお客様（住民、移住者、観光客、消費者）に提供する価値を探すために、地域を歩き、数字を読み、事例を学び、声を聞く行為」

* リサーチの方法論は、『ソーシャルデザイン実践ガイド』(英治出版、2013年9月)の「第1章 森を知る」「第2章 声を聞く」参照

地域の特産品開発の会議に参加させてもらうと、「地元産のフルーツを使ってワインをつくろう」「ジャムをつくろう」「スイーツをつくろう」。そんなことがよく話題にあがります。もちろんワインやジャムづくりで成功している地域もありますが、うまくいっていないケースが大半です。うまくいかないのは、リサーチの視点が欠けているからです。

　そのワインは誰が買ってくれるのでしょうか？　その人は誰とどこでどんな食事をしながら飲むのでしょうか？　どんな食事と合うのでしょうか？　お金を払ってもらうには、それにふさわしい価値を提供しなければなりません。日本中、世界中のものすごい数の競合ワインの中から選んでもらわなければいけません。そんな選ばれる価値を探し当てる行為が、リサーチです。

　リサーチというと難しいことに聞こえますが、買ってもらいたいお客さんの生活、思いを丁寧に聞き、インターネット等で公開されているデータや調査レポートをしっかり読み、世界中の参考となる事例を集めるというごく基本的なことです。

科目2　デザイン：共感と消費を呼ぶカタチをつくる

　この言葉は誤解を生みやすく、人によってイメージしていることが異なる言葉です。

　ここでは、デザインを次のとおり定義します。
「探し出した価値を、届けたいお客様に、魅力的に伝えるために、商品・サービス・空間・情報を具体的なカタチにする行為」

　リサーチが探す行為なのに対して、デザインは創りだす行為です。どんなに優れた地域資源を見つけても、それを魅力的に表現できなければ、伝わりません。冒頭で紹介した道川さんは温泉水からつくった塩という島田市

川根エリアの地域資源を、「かわねのごえん」というネーミングとチェック柄のパッケージ（p.128）という世の中に伝わるカタチにデザインしています。

　「日菓」という、京都で活躍する女性2人組のお菓子職人がいます。東京の出版社で編集の仕事をしていた内田さん。京都で英文科の大学を卒業し和菓子屋に就職した杉山さん。和菓子の世界に魅せられた2人が出会い、和菓子を作品として発表・販売する活動を始めました。下の写真のような彼女らの和菓子作品の名前、意匠には、心が踊ります。

　2011年、大学卒業と同時に22歳で「和える」という会社を起業した矢島里佳さん。「子どもたちに日本の伝統をつなぐ」というコンセプトの下、伝統産業の職人が一つひとつ想いを込めて大切につくった子ども用の商品をデザインしています。

日菓の和菓子作品
左上：「結婚初心者マーク」
右上：「雲の道」
左下：「アポロ」
右下：「赤い糸」

撮影：新津保建秀
日菓『日菓のしごと　京の和菓子帖』青幻舎、2013年より

徳島県大谷焼の「こぼしにくい器」は、内側に「返し」が付いているので、食べ物がスプーンにのりやすく、最後の一杯まですくいやすい商品です。漆塗りのはじめてのお箸（石川県）、本藍染の産着（徳島県）、手漉き和紙のボール（愛媛県）など、全国各地の伝統産業の職人の技と子どもの生活を結び、素敵なデザインで仕上げた商品を多数世の中に出しています。

　デザインというと、美大・芸大出身のデザイナーと呼ばれる人の特殊技能のように思えるかもしれませんが、そんなことはありません。「かわねのごえん」の道川さんはデザイナーではありません。日菓の2人も試行錯誤しながらオリジナルのお菓子をデザインしています。彼女たちのデザインプロセスはとても参考になります。結婚式で参列者に配るお菓子の注文がありました。2人は結婚に関連する様々なことを調べて、キーワード（ex、めでたい、赤い糸、人前式、指輪、キス…）を書き出します。そのキーワードと従来の和菓子づくりの技法との掛けあわせでアイデアを発想し、スケッチを描き、試作品をつくって改良していきます。

　このプロセスで生まれたのが、「赤い糸（p.127）」です。餡を絞って一本の糸のように出す和菓子づくりの技法で、薔薇のカタチを表現した美しいお菓子です。

左：「和える」の徳島県大谷焼のこぼしにくい器
右：道川さんデザインの「かわねのごえん」

基本的な技術や作法を学ぶ必要はありますが、大切なことは、自分たちが届けたい価値を届けたい人に向けて伝えるために、試行錯誤することです。デザインとは、言葉やカタチを考え、イメージに近いものを探し、模倣し、何度も手を動かすことで、誰もが身につけられるスキルなのです。

科目3　IT：情報とテクノロジーの力で事業を拡げる

　インターネットの普及で「メディアの民主化」が起きたと言われます。20年ほど前まで、一般の人が全世界の人々に自分の意見や考えを伝える手段はありませんでした。情報を発信できるのは、テレビ・新聞等のマスメディアや大企業・行政に限られていました。

　しかし、インターネット、そしてソーシャルメディアの普及により一変しました。どんなに交通の便が悪い山奥や離島に住んでいても、あなたの主義主張を世界に訴えることも、つくった商品をPRすることも可能です。「メディアの民主化」は地方圏における小さな経済づくりを大きく後押ししてくれました。

　さらに近年、レーザーカッター*や3Dプリンター**などのデジタル工作機器の普及により、誰もが簡単にものづくりができる世界の実現、いうなれば、「ものづくりの民主化」が起きています。ものづくりは企画、設計、試作、資金調達、製造、流通、販売など多くの工程にそれぞれ多大な投資が必要でした。これを一貫してできるのは大企業に限られていました。

　地元産の木材でアクセサリーをつくりたいと思っても、木を削り、1つずつ手づくりし、少しだけ製造し、地域のお店で少量販売するぐらいが限界でした。しかし今では、パソコンでデータをつくり、デジタル機器で加工・制作する。商品をフェイスブックで紹介し、インター

* 図柄や深さを指定したデータを元に、紙や木材、アクリルなどの板材をカット、彫刻する機械。写真も専用データに変換することで、鮮明に彫刻することができる

** 3Dデータをもとに、樹脂などを立体として出力する機械。最近では塩や砂糖、チョコレートなど食品を加工するものも登場している

＊ 雑貨やアクセサリーなど、個人の作品を販売・購入できるウェブサービス。売り手は自分の作品を登録し、買い手は直接売り手から購入できる。CtoC市場と呼ばれ、近年注目されている

＊＊ インターネットを介して不特定多数の個人から支援金を集めるサービス。新しい資金調達の手段として注目されており、世界中で500以上のクラウドファンディングサービスが存在する

＊＊＊ 長野県伊那市ますみヶ丘351-7
営業時間：8:00-17:00
（1-2月は18:00まで）
年中無休
（green-farm.asia）

ネット上のマーケット＊で販売できます。資金が足りなければクラウドファンディング＊＊で調達もできます。

　こうしたITの世界はそれぞれ奥が深いですが、小さな経済づくりに必要な基本的なことであれば、誰もが簡単に短時間で習得できます。

アクション２　生産・消費の垣根がないマーケットをつくる

　せっかく素敵なものをつくっても売れないと稼げません。経済は回りません。いくらインターネット上での販売が容易になったとはいえ、小さな経済の基盤は地域コミュニティです。小さな経済の担い手が自分の創作物を出品でき、住民や観光客に、手に取って購入してもらえる場、マーケットが必要です。

　道の駅や直売所などが全国各地には多数あり、その役割を果たしているところもあります。ただし、小さな経済を回すための場として機能するためには条件があります。それが、生産・消費・生活の垣根がないボーダレスなマーケット空間であることです。

　長野県伊那市のグリーンファーム＊＊＊は1994年のオープン以来、大きな注目を集める産直市場です。大根や白菜から松茸、イナゴ、パンやイカの塩辛まで野菜や果実を中心に様々な食品が並びます。年間売上10億円、58万人が来店する全国有数規模の産直市場です。

　ここにはまさに小さな経済が回っています。現在2,000人以上の生産者が商品を納入しており、その大半が年間100万円前後の売り上げです。

　この市場の特徴は、生産者と消費者が一体となっていることです。生産者はいつ商品の納入に来ても構いません。お客さんが買い物をしている横で、農家のおばちゃんが泥付きのとれたて野菜を並べてバーコードを貼っています。生産者の顔を見て、話を聞けて、まさにとれた

ての商品を買えるのです。生産者にとっては他の生産者や地域の人と出会い、人間関係を広げる貴重な機会でもあります。ここで培ったコミュニティは今後の売上げにも、新たな事業機会にもつながります。

生産者は自分で価格を決められます。当然ながら良いもの、ニーズがあるものは高くても売れますし、そうでなければ売れ残ります。価格以外でも、パッケージ、陳列方法、説明書きなど工夫の余地は色々あります。お客さんと話しながら、反応を見ながら、買ってもらうための工夫ができるのです。まさに、リサーチとデザインの現場です。

生産者は毎週水曜日までの売り上げを土日に現金で受け取るため、成果がすぐにわかり、反省点を次の出荷に活かせます。また、現金で受け取るため、みんなここで買い物をしていきます。生産者自身が消費者なのです。

農業、漁業、ものづくり、いずれの世界でも経済効率性を重視するあまり、生産と消費が大きく離れています。エネルギー効率や食の安全・安心の視点に加えて、生産と消費が近いことは、人の生きがいを生み、働くモチベーションを高め、優れたものを生みだすエンジンとなるのです。自分がつくったもので、誰かが喜んでくれる姿を目にするほど嬉しいことはありません。

小さな経済を回すためには、地域にこのような創る・買う・交わる空間が必要です。

全国各地で約1,000箇所登録され、市町村が施設運営に関わる「道の駅」にはその大きな可能性があります。

アクション3　ビジョンを掲げ、人材を地場産業に呼びこむ

地域経済の担い手を他地域、主に大都市圏から呼び寄せるための移住・定住促進に全国各地の自治体が熱心に取り組んでいます。

＊　過疎地域等で1-3年の「地域協力活動」を促し、その地域への定住・定着を図る総務省管轄の取組。特別交付税により、隊員1人あたり400万円上限（報償費と活動経費）、その地域で起業する者には1人あたり100万円上限が支援される

＊＊　島根県邑智郡邑南町矢上3123-4
営業時間：11:00-14:00 / 18:00-20:00
定休日：水
(sozaikobo-ajikura.com)

　総務省が支援する「地域おこし協力隊制度＊」では、2014年度に1,511人が444地域に赴任しました。その4割が女性で、8-9割が20-30歳代と、その後の定住につながれば、人口減少対策に大きく貢献しそうです。

　しかし、大都市育ちの若者が地域で暮らすことはそんなに簡単ではありません。短期間で地域を離れる人も少なくありません。地域側に「誰でもいいから若い人がたくさん来て盛り上げて欲しい！」という姿勢があると、それも問題です。本人にとってやりがいがある仕事と地域に必要な仕事がうまく合わない限り、双方にとって不幸な結果となります。

　地域に大都市圏から人材をひきつけ、彼らの能力とモチベーションを引き出し、そして定着してもらうためには、地域の未来像と求められる人材像がわかるビジョンが必要です。

　島根県邑南町（おおなん）は、人口11,966人（2010年国勢調査）の山間部の自治体です。ハーブ米や石見和牛、石見ポーク、高原野菜など特色のある農畜産物がたくさんあり、「A級グルメのまち」を標榜しています。その活動の一環として、旬の地元素材を使った本格的イタリアンが楽しめる観光協会直営レストラン「素材香房ajikura＊＊」をオープンしました。

　この町ではこのレストランを主な勤務地とする「耕すシェフ」という名のユニークな協力隊を募集しています。町内で食や農業による起業を目指す人に3年間定住してもらいます。その間、農作物の生産・加工・販売や飲食店経営等のスキルを研修し、最終的にはこの町で食関連の起業、就業を促すというものです。「耕すシェフ」という名のとおり、畑を耕しながら、シェフとしての料理修行もするユニークな制度です。

　高知県佐川町は「自伐型林業」と呼ばれる、森林組合や

業者に施業を委託するのではなく、山林所有者や住民が自ら山に入り、森林を管理・施業する林業に力を入れています。そこで自ら山に入る林業専門人材を協力隊として募集しています。2014年度は5人が活動中で、「佐川戦隊キコリンジャー」という愛称で赤・青・緑・黄・橙の5色の作業着を身にまとい、林業の修行に励んでいます。2015年度には待望のピンク、女性隊員が参加することも決まっています。

　切り出してきた木材を使って、デザインやITの力を活用した新しいものづくりのスキルを学び、事業化するための「佐川ものづくり大学」の取り組みも2015年から始まりました。その第一弾として制作されたのが「WRITE MORE – 勉強したくなる机*」です。文字を書く際にペンと紙がこすれる筆記音が大きくなると、人はモノを書く行為のスピードや作業効率があがるという東京大学大学院の研究があります。この知見を活かした、子どもが文字の練習やお絵かきに使うボードです。ボードの下のマイクが筆記音を拾いスマートフォンのアプリにより音が大きくなったり、音色が変わったりします。

　邑南町、佐川町、いずれも地域活性化のビジョンと欲しい人材が明確です。さらに、わかりやすい言葉で情報発信を行っているのが特徴的です。ビジョンをわかりや

* WRITE MORE
– 勉強したくなる机
(issueplusdesign.jp/writemore)

（左）佐川戦隊キコリンジャー
（右）WRITE MORE
　　 – 勉強したくなる机

4　提言：人口減少問題へのアプローチ

すい言葉で表現しようとすることは、地方自治体側には自分たちがどんな地域を目指すのかを考えるきっかけになります。移住を希望する側も、その地域で何を求められているのか、自分が何をするのかがはっきりすることで、心構えが変わってきます。

　地域おこし協力隊の派遣者数を見てもわかるように、地方での生活を望む若者が増えつつあります。この流れを止めずに、より加速するためには、地域側の思いと言葉が大切です。

　小さな経済には大きなポテンシャルがあります。日本一の森林比率（84％）の高知県は、製材・木製品・家具の県外への出荷額176億円に対し、県外からの購入額は223億円。つまり、47億円の赤字です。この購入分のほんの数％でも県産材を活用したモノに切り替えるだけで大きな経済効果があるでしょう。野菜や魚介類は黒字ですが、飲食料品は837億円と大幅な赤字です。食の加工品には大きな可能性があるのです*。

　日本各地を訪れるといつも「地域には資源があふれている」と強く実感します。その資源の大半は手つかずで、宝の原石のような状態です。原石を発掘し、磨き、加工し、キラリと輝く宝石に仕上げる作業が、本提言で紹介した小さな経済づくりです。そんなに簡単なことではないかもしれません。時間がかかるかもしれません。しかし、自分の手で何か新しいものを創り出すことは絶対に楽しいはずです。個人の楽しみが市場をつくり、経済が回る。そんな新しい市場経済が地域を救うのです。

* 松尾雅彦『スマート・テロワール』（学芸出版社、2014年12月）

提言2　縁を深めるローカルシステムを築く

Story

「普通の仕事じゃつまらないし、どこか楽しいところで働きたいなあ…」
好奇心旺盛なアヤさん（当時18歳）は、地元札幌を出て北海道利尻島へ。
たまたま飲みに連れて行ってもらった飲み屋さん「ピアス」で店長に誘われ、接客スタッフとして働くことになりました。
利尻島、日本最北の地、宗谷岬の西に浮かぶ円形の島。利尻富士と呼ばれる美しい山の山頂から360度海の絶景を楽しめる登山好き憧れの島です。
ピアスは、この島の地元男性と島外女性が続々と結婚していくユニークな店。
常時7-10人の女性が働いており、全員が島外出身です。アウトドア好きにはたまらない環境にひかれ、全国の離島を転々としている女の子、ウィンタースポーツ好きの女の子など、遠くは東京や沖縄からもリゾートバイトの感覚で働きに来るとのこと。店併設の寮で寝泊まりしながら、勤務しています。
オープン以来12年で29人が島の男性と結婚し、23人子どもが生まれています。
延べスタッフ数が約300人ですから、10人に1人の割合です。
お客さんは、漁師、商店主、山岳ガイド、役場職員など、実に多彩。
いわゆるギラギラした夜の店というより、アットホームで明るい雰囲気です。
しっかりした接客も特徴的。おかげで、女性と話すことが苦手なシャイな地元の男性も気楽に話せると評判で、お店は常にお客さんで一杯です。
軽い気持ちで働き始めたアヤさんですが、5年目の今ではすっかり重鎮です。
町の商工会青年部にも加入し、地域のお祭りやマラソン大会の運営や市民バレーに参加するなど、まちの様々な活動に関わっています。
「がんばれー！　あっ、山本さん。はいどうぞ、今日はお水ですよ。（笑）」
「アヤちゃん、手伝い来てたんかい。えらいしょ。今夜店行くわぁ」
まちの行事は、地域の人との親睦と営業活動を兼ねた一石二鳥だとか。
そんなアヤさんも今月ついに退社します。彼ができたためです。島内ドライブ、島唯一のお洒落なフレンチで食事と、順調にデートを重ね、交際をスタート。
「つきあってることをみんなが知っていると、お客さんも女の子もやりづらいからねぇ。そろそろかな、って。いずれ結婚できればね、と彼とは話してます」
現在、寮の空き部屋は3室。最高の自然と出会いを求めるスタッフを募集中です。

コミュニティの変化が結婚を阻害する

　人口減少の3大要因の1つが既婚率の低下です。しかし、p.31で示したように、35歳未満の独身者で結婚の意思がある人は9割前後と大きな変化は見られません。「結婚しない」道を自ら選択する人が増えたことが、既婚率の低下につながったとは言えません。
　また、若者の友人の数は増えています(p.35)。フェイスブック等のソーシャルメディアの普及により、多くの人と知り合う機会、同じ興味関心の仲間とつながるコミュニティに所属する機会が増えました。
　結婚する意思も、出会いの機会もあるにもかかわらず、男女をとりまく様々な環境変化が重なり、「結婚しない」道にいつの間にか辿り着いてしまった男女が増えているのです。
　結婚しない道へと人を誘う要因は色々あるでしょう。私が気になっているのは、地域における男女バランスの不均衡とコミュニティの質の変化です。

男女バランスの不均衡
　地域間の人の移動、特に都市圏から地方圏への人口移動により、地域内の男女バランスが崩れています。時代や地域に関係なく、男児と女児は105：100程度の比率で産まれます。そのため、小学校で男女ペアのお遊戯をすると、たいてい男の子が余ります。
　札幌や福岡の街を歩いていると、女性の多さが目につきます。居酒屋でも女性だけのグループ客が目立ちます。すすきのや中洲という全国有数の歓楽街だけかとも思いましたが、福岡市の20-30代男女比は男100：女110と統計的にも男女の人数差は明らかです。

九州の中心・福岡市には、九州中からから仕事を求めて若い女性が集まります。一方、男性は家業の後継者など地元から離れない人、東京で就職する人も多く、それほど福岡市には集中しないのです。男性が余るはずのペアダンスで、女性が余っている状況なのです。30 年前（1980 年）は男 102：女 100 と逆に男性の数が上回っていました。

　同じ福岡県内でも築上町は男 111：女 100、宇美町は男 114：女 100、苅田町・芦屋町は男 117：女 100 と逆に男性が余っています。

　地域は男女が実際に出会い、関係を深める物理的な場でもあります。男女バランスが崩れ、男女いずれかの数が多い地域、ペアダンスを踊る相手を見つけられない人が増えているのです。

コミュニティの質の変化

　人間関係と所属するコミュニティは増えました。それと同時に所属するコミュニティの質が変化したこと、その変化に対応した婚姻システムが存在しないことが、結婚しない道へと人を誘うもう 1 つの環境変化です。

　コミュニティとは、千葉大学の広井良典教授の定義によると、「人間がそれに対して何らかの帰属意識をもち、その構成メンバーの間に一定の連帯ないし相互扶助（支え合い）の意識が働いているような集団」です*。

　戦後の日本社会はほぼ一貫して農村から都市へと人口が移動し続けてきました。これは日本人のライフスタイルが、農村型コミュニティでの暮らしから都市型コミュニティでの暮らしへと移行してきた歴史だと言えます。

　この移行過程で、暮らしの一部を担う婚姻という仕組みが変わりつつあります。

* 広井良典『コミュニティを問いなおす』（ちくま新書、2009 年 8 月）

農村型コミュニティとお見合い

　農村部では、農作業や冠婚葬祭など地域の共同体での作業が必要不可欠です。個人や家族の生活と稼ぐための仕事がどちらも同じ地域空間で営まれます。そのため、居住地をベースとした強い関係性、帰属意識によるコミュニティがつくられてきました。農村型コミュニティとは、地縁型コミュニティとも言えます。

　この農村型コミュニティ中心の生活で、結婚を後押しする仕組みが「お見合い」です。

　コミュニティ内のつながりが強いエリアであればあるほど、未婚男女の存在は目立つため、親族・家族から結婚へのプレッシャーとともに縁談が持ち込まれます。戦前は見合い結婚が7割を占めていました。現在では見合い結婚の人は少数派ですが、1つの完成した結婚づくりの仕組みとして一定の役割を果たしています。

会社型コミュニティと社内結婚・合コン

　農村部から都市部へと人口流出が進んだ高度経済成長期には、この農村型コミュニティがどんどん弱体化しました。しかし、大都市に集まった人々が都市型コミュニティの中で自由な人間関係を楽しんでいたかというとそうでもありません。

　この時代の都市住民を支配していたのが、会社型コミュニティです。企業に所属すると、多くの時間を一緒に過ごすのが会社の人間です。仕事の後に飲みに出かけ、社員旅行で親交を深め、休日はゴルフ。社宅暮らしとなれば、家に帰っても会社型コミュニティのど真ん中です。広井教授は、会社型コミュニティは農村型コミュニティを都市部に持ってきただけのものだと指摘しています。会社という同じ地で暮らす縁としがらみに支配されたコミュニティです。

このコミュニティをベースに結婚を後押ししていた仕組みが社内結婚と合コン*です。

銀行、商社などでは、1990年代までは取引関係各社のお偉いさんと縁のある女性を一般職として採用し、男性社員との結婚を後押しすることで、会社内のコミュニティ、会社同士のコミュニティを強化していました。

会社の同僚グループで他社の異性グループと食事を楽しむ場、合コンは日本発祥の文化と言われています。欧米人と比べて、パーティーなどオープンな場でのコミュニケーションを得意としない日本人らしい奥ゆかしい出会いの仕組みです。

* 合同コンパの略。異なる組織に属する2つ以上のグループが、男女の新しい出会いを創出するために合同で行う飲み会のこと

都市型コミュニティ時代の縁づくり

日本人の暮らしと婚姻をかたちづくってきた農村型・会社型コミュニティが機能しなくなりつつあります。年功序列や終身雇用が崩壊し、非正規雇用比率が高まっています。効率化の流れで、保養所や社員旅行などが姿を消しています。個人の時間を大切にし、オンとオフの切り替えを重視する人が増えています。

しかし、都市部で暮らす日本人がコミュニティを必要としていないわけではありません。東日本大震災の影響もあり、都市部で孤独に暮らすこと、他者とつながっていないことへの不安が高まっています。そして、インターネットやソーシャルメディアの普及で人とつながることが容易になり、新しい都市型コミュニティが生まれつつあります。

都市型コミュニティとは、自分の興味・関心・得意領域で人とつながるテーマ型コミュニティです。このコミュニティをきっかけに結婚する人も増えています。趣味や娯楽を通じた出会いだけでなく、まちづくりや社会貢献の場での出会いも増えています。

まだまだ少数ですがインターネット上での出会いコミュニティから結婚へ至る例も耳にします。
　しかし、お見合い、社内結婚、合コン、それに続く、都市型コミュニティ時代の縁を深め結婚へと後押しする強固なシステムがまだ生まれていません。それが、出会いの機会はありながら、結婚への願望を持ちながら、「結婚しない道」へと至る理由の１つだと考えられます。

縁を深めるローカルシステム

　個人の持つ人間関係、友人、テーマ型コミュニティは増加傾向です。しかし、農村型、会社型コミュニティが薄れ、地域の男女バランスが崩れており、深い関係を築く機会が減っています。ゆるやかなつながりや出会いはあるもの、何度も継続的に会い関係を深める機会、最終的に恋愛や結婚へと踏み出すきっかけ、それを後押しする強い仕組みが不足しているのです。細く浅いつながりを太く深い縁に育てるシステムが地域に必要です。
　冒頭で紹介した利尻島の飲み屋は、そんな現代社会の縁を深める仕組みの一例です。その他の事例も紹介しながら、地域の縁を深めるために必要なローカルシステムの条件を整理していきます。

条件①　地域生活に組み込まれたシステム
「婚活イベントに参加するのはちょっと…」
「困っているように町の人に思われたくないからねえ」
　婚活イベントの参加者を集めていると、どこでも耳にするのが、こういうコメントです。特に地方の男性は「婚活」に抵抗がある人がまだまだ多数派です。
　1960年代頃までは、お見合いという仕組みは地域生

活に組み込まれており、ごく自然なものでした。会社型コミュニティ主流の時代には社内結婚が推奨され、合コンで多くの人が出会いを求めていました。それに対して、地域で婚活イベントに参加することはまだまだ異色で、違和感があることです。

　冒頭で紹介した利尻島の飲み屋は特に婚活のための空間ではありません。飲食店の数が少なく、地元民・観光客いずれも気軽に飲んで歌える店が不足していたという地域のニーズに合った出店でした。女性客もいる楽しげな雰囲気のこの店に地域の人が通うことには何の違和感もありません。

　また、スタッフへの教育に力を入れ、しっかりした接客ができる女性が集まる環境をつくること、地域の祭やイベントにも協力することで、地域コミュニティとの関係性にも配慮しています。

　「婚活」という特別で非日常的な存在となるのではなく、普段の生活の中に組み込まれ地域生活になじむシステムであることが大切です。

条件②　協働作業を演出するシステム
　全国各地で婚活イベントや街コンと呼ばれる、出会いをつくる場が多数創られています。縁を増やすことは大切ですが、数時間でお互いのことをよく知り、次につなげることは難しいため、関係性を深める工夫が必要です。お互いのことをよく知るには協働作業が効果的です。利尻島の飲み屋でも、女性スタッフが町のイベント運営を手伝っていくなかで、地元の男性と親しくなり、交際に至るというケースがみられました。

　2015年2月に北海道陸別町で日本一の寒さを体験する「しばれフェス*」の一環として面白い婚活イベントが行われました。このお祭りのメインイベントは、氷のかま

* 毎年2月第1土曜日・日曜の2日間北海道陸別町で開催される。2015年で34回目を迎える。しばれ（凍れ）とは北海道や東北の方言で、冬のきびしい寒気におそわれること
(shibare.com)

4　提言：人口減少問題へのアプローチ

くらで一泊する「人間耐寒テスト」。およそ100基のかまくらをつくるため、実行委員は約1ヶ月間、夜遅くまで作業を続けます。この極限の寒さの中での共同作業を通じてカップル成立を目指す婚活イベントが、2015年から新しく企画されました。

男性参加者は準備作業を行う地元の独身男性。主なメンバーは、商工会青年部員、農業後継者、役場職員などです。女性の参加条件は、フェスティバル当日までの準備作業の手伝いができ、人間耐寒テストへの参加ができる20歳以上の独身女性です。

雪を使ったアトラクションの飾り付けや氷のかまくらに洗車機で水をかける作業などを共同で行い、夜は食事会です。女性コーディネーター1人が伴走し、毎日参加者にヒアリングしながら、会話を促したり、2人の時間をつくったりするなど、マッチングのお手伝いをします。結果的には参加女性の3分の1がカップルになるなど一定の成果があったようです。

ある離島の自治体に婚活対策としての「シェアハウス」を提案したことがあります。その島の若い男女にヒアリングをしてみると、島で恋愛しようと思っても、訪れる場所も限られ、島の人の目があり自由に気兼ねなくデートができないという課題が見えてきました。また、その自治体は若い移住者が増え、移住者向けの住宅が不足している課題も抱えていました。

そこで、移住者や地元の若者が期間限定で共同生活をおくるシェアハウスを提案しました。欧米では当たり前のルームシェアという考え方が近年日本でも定着しつつあります。仕送りが少ない大学生や収入が少ない若手社会人には、安価な住宅と仲間を得られる一石二鳥な住まい方ということで、普及しつつあります。

条件①で述べた、生活に組み込まれた違和感がない婚

活の仕組みとしてもシェアハウスは有効です。提案したのは、廃校になった保育園の園舎を改良した、男女5部屋ずつの個室と広いリビングを備えた空間です。個室は最小限のスペースとして、ほとんどの時間を広いリビングで過ごしてもらうことを意図しました。

　結果的には実現できなかったプランですが、現代の若者のライフスタイルと合致した形で出会いと協働を促すシステムとして大きな可能性を感じています。

条件③　コミュニケーションを支援するシステム

　「会話が弾まないんだよ。特に男性が話し下手で」

　各地の婚活イベントや出会い・お見合いの事業を行っている方と話していると、同じことをよく耳にします。シャイな地元男性と積極的な都市部女性の組み合わせが多いこともその一因です。しばれフェスの婚活イベントでも、女性陣から世話役の女性に「あの人たちは本当に私たちと話す気があるの!?」とちょっとした苦情が寄せられました。せっかく、出会いの場があっても、積極的に女性とコミュニケーションをとらず、1対1で話す機会をつくっても会話ができない男性が増えているようです。逆に強い女性、コミュニケーション力の高い女性が増えて、そのギャップが広がっています。

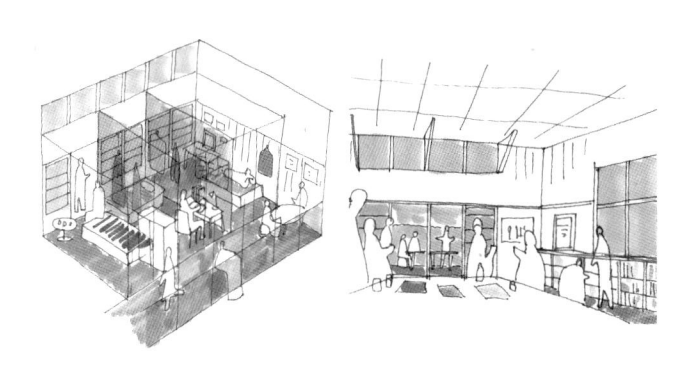

男女が自然と交流する
シェアハウス

これは農村型コミュニティの弱体化とも関連しているようです。元々、地域には同年代の男女が集い共同作業をする機会がたくさんありました。お祭りの企画・準備・運営などを通じて、議論を繰り返し、ともに時間を過ごす中で、恋愛や失恋を体験し、恋愛リテラシーを高めていくのです。学校や会社で先輩に連れられて飲みに行く機会も減っています。嫌々ながらでも先輩に連れて行かれる飲みの機会は、コミュニケーションの勉強の宝庫です。

　利尻島の飲み屋でカップルが生まれる理由として、コミュニケーション上手な女性スタッフが多く、シャイな男性が話しやすい雰囲気や空間ができていること、リピーター化することで少しずつ親密な話ができるようになることがあげられます。

　群馬県嬬恋村で2012年に開催された婚活ワークショップ「日本婚活会議*」では、男性のコミュニケーション能力を支援し、出会いの場を盛り上げるツール「恋札」が用いられました。

「昔の恋人からもらったプレゼントはとっておく？」
「恋人との電話は毎日がいい？　たまにでいい？」
「CM中、テレビのチャンネルを変えるのを許せる？」

　このような恋愛観やちょっとしたライフスタイルに関する200の質問が書かれたカードを使いながら、自分の

* 未婚率の上昇に歯止めをかけ、幸せなカップルを増やすべく「男女の出逢いと対話の場」「相互理解を促すプログラム」「異性間コミュニケーション能力の向上」という3つの価値をもたらす婚活支援ワークショップ（issueplusdesign.jp）

（左）日本婚活会議
（右）恋札

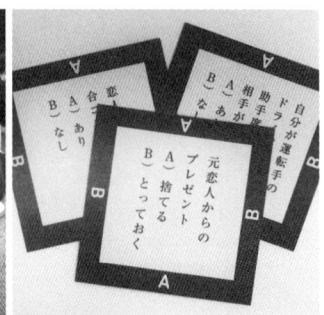

価値観を表現し、相手の考え方を知り、お互いの距離を近づけるプログラムです。

愛知県東三河エリアで開催されている「花男子プロジェクト」は男性力を高める面白い取り組みです。

愛知県は切り花や鉢植えの生産額で全国第1位。しかし、日本の花の生産量は1998年ごろをピークに半分以下に減少しています。そこで、生産者やフローリストなどの有志が集まり、「日本一花を作る町を、日本一花を贈る町にする」「男性から大切な女性へ、花を贈る文化を育てていきたい」という想いで活動しています。「花育」と称して、ブーケづくりワークショップを実施したり、女の子のタイプ別やシチュエーション別で花を紹介する通販サイトを運営するなど、男性から女性に花を贈るという文化、習慣を根づかせる活動を進めています。

コミュニティや人間関係が不足していることへの問題意識が高まっています。しかし、地域の実態やデータをしっかり見てみると、若い人たちの人間関係や所属コミュニティが増えていることがわかります。ところが、深まっていない。そこに「婚活」の課題があるのです。結婚は男女を深く結ぶ仕組みです。その地域ならではの仕組みづくりに知恵が、デザインが求められています。

提言3　会社員女性をハッピーに

Story

朝8時。JR武蔵野線 南流山駅から徒歩1分、改札を出てバスロータリーを越えたところのマンションの1階に、自転車のチャイルドシートに小さな子どもを乗せ、スーツを着た女性が駆け込んできました。

「今日もギリギリでごめんなさーい！　よろしくお願いします。じゃあ行ってきます！」

「ママ、行ってらっしゃーい」

保育士さんと娘の愛ちゃんに見送られ、高橋さん（35歳）は勤め先のある東京丸の内に向かうべく、駅に駆けていきました。毎朝一時間近くかけて、つくばエクスプレスに乗って通勤しています。

ここは、送迎保育ステーション。駅前にあるこの施設と市内の指定保育施設をバスで結んでいます。お母さんたちが、遠くの保育施設まで子どもを送迎しなくても駅前で受け渡しができる、市営のサービスです。

愛ちゃんはバスに乗って、自分の通う保育園に向かいます。他の子どもたちも、それぞれの通う保育施設で降りていきます。

帰りも同様にバスで帰って来て、ここでお母さんのお迎えを待ちます。

いわば、子どものための「待合室」なのです。

高橋さんが仕事中にふと時計を見ると、気づけばもう夕方。

迎えに行かなければならない時間です。

「もうこんな時間！　延長してもらわないと…」

通常、営業時間は7:00-9:00、16:00-18:00ですが、21:00まで別料金で延長保育も行っています。こんな風に仕事が遅くなってしまう時は、とてもありがたいサービスです。

高橋さんは安心してキリの良いところまで仕事を片付け、帰路につきます。

「ありがとうございました。愛ちゃんお待たせ〜。さあ、帰ろう帰ろう」

お母さんの姿を見ると、一目散に走り出し抱きつくのが愛ちゃんの日課。

今晩のご飯になる野菜たちと愛ちゃんを自転車に乗せ、帰っていくのでした。

相対的幸福度の低い会社員女性

　2014年春に日本人の幸福度を測ることを目的に全国15,000人を対象とした大規模な調査を行いました*。

　都道府県別、性年齢別、職業別など、様々な切り口で日本人の幸福度を分析している中で、目を引くデータに出会いました。

　子どもの数別に女性の幸福度を見てみると、子ども無しより1人、1人より2人、2人より3人が幸せというものです**。子どもを産み育てることは女性の幸福につながるようです。

　女性の職業別の幸福度も興味深い結果でした。最も高いのは自営業。専門職、公務員と続きます。そこから離れて専業主婦、また少し離れて会社員・役員という結果です。会社員女性の幸福度が相対的に低いのです。日本の会社組織は、女性にとってまだまだ幸せな職場環境ではないようです。

働き、産み、3人育てられる社会

　女性の就業参加が少子化を促進したという説がありますが、これにはあまり理論的根拠がみられません。

　p.120で示したように、就業率が高い県の合計特殊出生率が高い傾向もみられます。

* 全国47都道府県15,000人に対して、2014年2月28日-3月10日にインターネット調査にて実施（都道府県 各300、男女 各150、20-34歳・35-49歳・50-64歳 各100）。詳細はウェブサイトを参照（issueplusdesign.jp/project/local-happiness）

** 子どもが4人以上の女性の幸福度は、子どもが3人の女性の幸福度を若干下回る

図表4-2　職業別非地位財型幸福度（地域しあわせ風土調査2014）

職業	値
自営業	801.9
専門職	792.8
公務員	783.1
専業主婦	706.0
会社員・役員	**663.4**
パート・アルバイト	648.6
無職	526.9

4　提言：人口減少問題へのアプローチ

しかし、女性にとって仕事の役割と母親の役割を両立させることは時間的にも、体力的にも難しいので、どうしてもどちらかの役割を軽減させることになります。

仕事の役割を減らそうとすると、時短勤務にしたり、パートの仕事に変えたり、専業主婦になるという選択になります。これは有職女性の幸福度と相関が高い「仕事のやりがい」が損なわれることにもつながります。

母親の役割を減らそうとすると、子どもへの手間を減らすために育児支援サービスを利用する、実家や夫の協力に頼る、もしくは産まない、産む数を減らすという選択になります。

この２つのジレンマに悩む女性がたくさんいます。
・仕事のやりがいを重視して、男性社会で戦い続け、出産や育児を制限する女性
・職場や家庭の十分なサポートを得られず、仕事も育児も中途半端な状態に悩む女性
・出産後に復職するも時間制限のない男性との競争に無力感を覚え、仕事へのやりがいを失う女性
・やりがいの薄いマミートラック*に乗せられ、仕事はお金を稼ぐ手段だと割り切ってしまう女性

日本の会社組織に所属している女性にとって、２つの役割の両立はまだまだ難しく、結果として子どもの数と仕事のやりがいのいずれか、もしくは両者が低下し、幸福度が相対的に低くなると考えられます。

働く女性の出生希望実態

右ページのグラフは既婚女性の想定している子どもの数と理想の子どもの数に関するものです。

半分（49.0％）を占める右側は「産まない」「1人で満足」「2人で満足」「3-4人で満足」と理想としている子どもの数と予定している子どもの数が同数の女性です。理想的

* 仕事と子育ての両立の配慮はされているものの、昇進・昇格とは縁遠いキャリアコースのこと。補助的な仕事になりがちで、仕事のやりがいが不足するケースが多い

な子どもの数を達成できると考えているグループです。この人たちは子どもを産まないことも含めて理想の家族計画どおりなのですから、問題はありません。

　左半分(49.3%)の女性は何らかの理由で理想的なプランを達成できていません。「子ども有りが理想だが0人想定」が6.5%、「2人以上が理想だが1人想定」が16.2%、「3人以上が理想だが2人想定」は全体の4分の1に近い22.9%を占めます。

理想の子ども数を達成できない理由

　左側半分の人はなぜ理想の子どもの数を達成できないと考えているのでしょうか？

　図表4-4 (p.150) のグラフは理想の子どもの数を達成できないと考えている（想定数＜理想数）対象者1,950人の達成できない理由を表したものです。

図表4-3　既婚有職女性の想定子ども数と理想子ども数（働く女性に関する調査2015*）

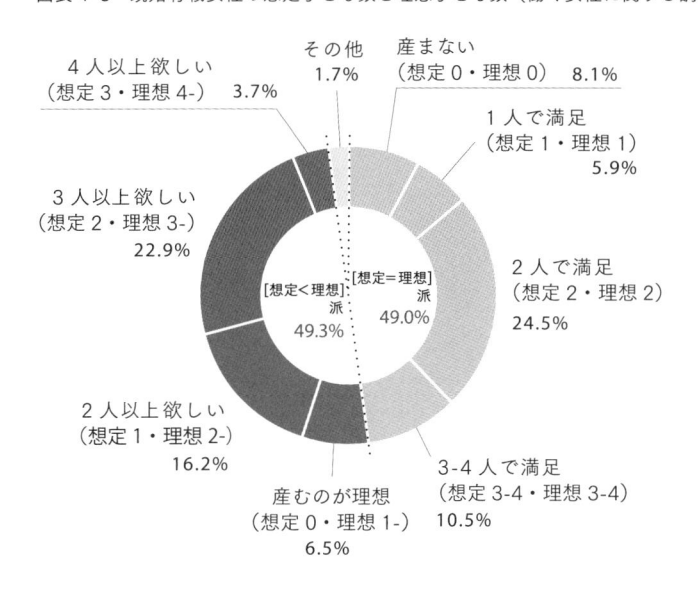

- 4人以上欲しい（想定3・理想4-）3.7%
- その他 1.7%
- 産まない（想定0・理想0）8.1%
- 1人で満足（想定1・理想1）5.9%
- 3人以上欲しい（想定2・理想3-）22.9%
- 2人で満足（想定2・理想2）24.5%
- [想定＜理想]派 49.3%
- [想定＝理想]派 49.0%
- 2人以上欲しい（想定1・理想2-）16.2%
- 産むのが理想（想定0・理想1-）6.5%
- 3-4人で満足（想定3-4・理想3-4）10.5%

* 20-44歳の有職女性10,000人（10大経済圏在住：札幌、仙台、関東、中京、近畿、広島、北九州、福岡、静岡、岡山、新潟）に対して2015年2月6-13日にインターネット調査にて実施

図表4-4　理想の人数を達成できない理由（働く女性に関する調査2015*）

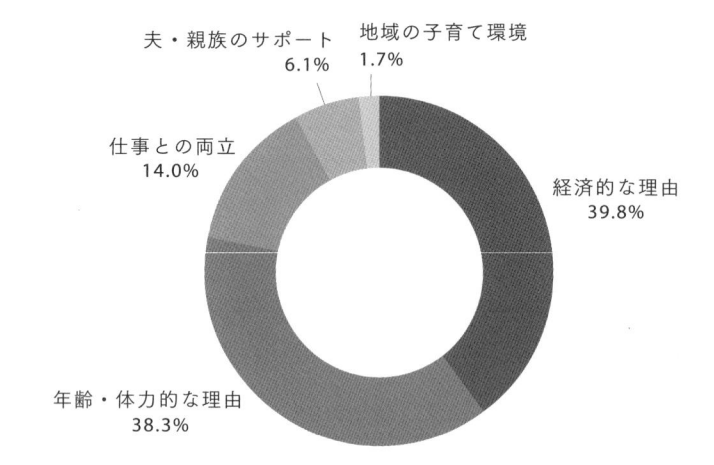

- 夫・親族のサポート 6.1%
- 地域の子育て環境 1.7%
- 仕事との両立 14.0%
- 経済的な理由 39.8%
- 年齢・体力的な理由 38.3%

* 調査設計は p.149 参照

図表4-5　層別の理想の人数を達成できない理由（働く女性に関する調査2015*）

		サンプル数	経済的な理由	年齢・体力的な理由	仕事との両立
全体		1,950	39.8%	38.3%	14.0%
年齢	20-29歳	163	65.1%	8.9%	17.1%
	30-34歳	407	48.1%	20.9%	19.8%
	35-39歳	646	42.0%	35.8%	14.7%
	40-44歳	734	27.8%	56.6%	9.5%
想定子ども数	0人	256	29.7%	50.7%	12.0%
	1人	639	30.2%	47.1%	15.6%
	2人	900	47.8%	30.5%	13.5%
	3人以上	155	47.1%	30.0%	13.6%

* 調査設計は p.149 参照

「経済的な理由」と「年齢・体力的な理由」がそれぞれ4割を占めます。続いて、14%を占めるのが「仕事との両立」です。この3つで原因の9割以上を占めます。

年齢別に見てみると、20代では経済的理由が65.1%と圧倒的1位、仕事の両立が離れて17.1%と続きます。お金と仕事が主な原因です。30代前半、後半、40代になるにつれて、経済的理由が占める割合が下がり、年齢・体力的理由が上がります。

長引く不景気と晩婚化の影響がここにも見えます。収入が少なく安定しない20代は経済的理由で子どもを産むのを先延ばしし、収入が増える30代以降は年齢・体力的な理由で諦めざるをえない。そんな悲しい負の連鎖が起きています。

仕事との両立は、働き始めて10年程度経過し仕事を任せられる年代である30代前半が最多です。しかし、20-30代ではどの年代でも10%以上は存在し、年齢を問わず女性共通の悩みのようです。

続いて、子どもの数別に見てみます。0人の層は年齢・体力的な理由が過半数を占めます。子どもが欲しいと思いながら子どもなしという選択に至るのは、年齢的な限界によるケースがほぼ半分ということです。経済的な理由がそれに続き3割を占めます。子ども1人の層が2人目を諦める理由もほぼ同じ傾向です。

子ども2人、3人以上層ではこの傾向が大きく変わります。3人目、4人目を諦める理由は経済的な理由が約半数を占めます。子育ての体力面や仕事との両立の問題は過去の経験からある程度克服できると思えても、3人以上産み育てることは経済的に厳しい、厳しくなりそうだということが産むことを控えさせるようです。

会社員女性をハッピーにするアクション

　有職女性の半分が「もう1人産めたら理想だけど、現実的には難しい」という思いを持っています。こうした女性の出産を後押しし、仕事との両立も実現し、幸せな気持ちを高めるために、国、地域、および日本の会社組織ができるアクションを4つ提案します。

アクション1　男女の出産リテラシー教育を充実する

　「年齢があがると出産が大変になるだけだと思っていた。妊娠しにくくなるなんて知らなかった！」。そんな声をいまだよく耳にします。知識不足のために欲しかった子どもを諦める。個人にとっても、日本社会にとってもそんな不幸なことはありません。

　3大要因の1つ、年齢・体力的理由への対処方法として、日本人の妊娠・出産に関する知識を増やす、出産リテラシー教育を充実させることを提案します。

　英カーディフ大などが欧米、アジアなど計18カ国を対象に実施した調査*によると、日本人の妊娠に対する知識は国際的に低い水準にあるようです。妊娠に関する質問の正答率は、女性が18カ国中17位（最下位はトルコ）。男性は16位（最下位トルコ、17位中国）。喫煙や性感染症、女性の肥満や加齢が妊娠・生殖能力を低下させることなどへの理解が薄いという結果でした。

　日本では妊娠の仕組みや年齢による体の変化、年齢とともに妊娠率が低下していくことに関する教育がほとんど行われていません。女性自身が子どもを産みたいという思いがありながらも、「いつでも産める」と仕事などを優先させてしまい、気づいた時には妊娠しにくい年齢になっている。そういったことがあちこちで起きています。まずは女性自身がキャリアプランの1つとして、結

*2009-2010年にかけてイギリスのカーディフ大学他のチームが欧米、中国など計18カ国の男女10,000人（平均年齢31.8歳）をインターネットで実施した調査。日本人は481人が回答

婚・出産の適正な時期を考える習慣を身につける必要があります。

　男性も責任重大です。経済的な理由、仕事の忙しさ、個人の時間やライフスタイル上の理由から、子づくりを先延ばししたいと男性は思いがちです。パートナーの年齢と身体を配慮し、早期の妊娠・出産を後押しできる男性を増やす必要があります。

　男性の出産リテラシーを高めることは、働く女性の妊娠・出産環境の改善にも役立ちます。女性社員の早期の妊娠・出産をみんなが喜び、産休・育休を歓迎する組織風土につながります。16.4%の夫婦が経験している不妊治療に対する男性の理解を深めることも大切です。不定期で日時を選べない不妊治療に有職女性が通うのは会社の理解なしでは大変難しいことです。

　それでは、こうした教育を充実させるために、国や自治体は具体的に何をする必要があるでしょうか。

　日本産科婦人科学会などが、妊娠・出産の適齢期に関する知識を教科書に盛り込むことを国に要望したように、学校教育等の様々な場面で、少しずつ教育、啓蒙する地道な活動の積み重ね以外の方法はなさそうです。

　その地道な活動の1つとして、日本独自のシステムとして世界的評価が高い母子健康手帳の活用を提案します。母子健康手帳とは妊娠判明時に自治体に妊娠届けを提出するとともに受け取る手帳です。妊娠中の女性全員に対して、ほぼ確実に渡せるメディアであり、妊婦健診、出生届、乳幼児健診、予防注射など、出産・育児に関する国や自治体が提供する制度の利用を促す仕組みとして機能しています。日本人女性の出産・育児リテラシーの底上げに大きく寄与しています。

　妊娠判明時から主に6歳まで活用されている母子健康手帳。これを日本人の出産リテラシーを高めるために、

活用期間を前後に延ばすことを提案します。

　まずは、妊娠判明時よりもっと前に、母になる準備のための「プレ母子健康手帳」を配布するというアイデアです。ウェブサイトやスマートフォンのアプリなどの可能性もあります。行政からの配布物は、せっかくつくっても読んでもらいたい人に届きにくいという難点があります。認知度が高い母子健康手帳の関連アイテムと位置づけることで、受け取ることが常識だという風潮をつくります。中学校や高校の保健体育の授業、成人式、転入届や婚姻届の提出時など、既存の行政と若者の接点を活用しながら、配布していきます。

　ユニークなご当地婚姻届*が話題の自治体がありますが、婚姻届を提出するタイミングは夫婦と行政の大きな接点ですので、活用したいものです。

　後ろに延ばすというのは、子どもが小学生になるまでを想定した母子健康手帳を中学生、高校生、それ以上までの長い間使うものと位置づけ、その中に女性の身体と妊娠に関する知識のページを設けるということです。母子健康手帳は、子どもが成人するタイミング、家を出て一人暮らしするタイミング、結婚や妊娠のタイミングに親から子に渡すという人が結構います。母娘で母子健康手帳を渡すことをきっかけに、女性の身体と妊娠について話すという新しい文化をつくります。母子健康手帳の中にその情報を掲載することは、第2子、第3子の早期出産の啓蒙にもつながります。

　親子健康手帳**はその名のとおり、母子ではなく親子、男性にも積極的に育児に参加してもらうことを意図した母子健康手帳です。妊娠期、育児期それぞれに男性にも知って欲しい知識を載せています。女性の身体に関する知識を掲載することは、男性の理解を深める意味でも効果的です。

* 手元に残る北海道上川郡東川町の「複写式婚姻届」。地域の景色と萌えキャラ・諏訪姫が記された長野県諏訪市の「結婚証」。雲としめ縄を配したデザインの島根県出雲市の「縁結びのまちの婚姻届」など

** 一般社団法人親子健康手帳普及協会が発行する母子健康手帳の通称。2015年度版は2015年3月現在、全国207自治体で採用予定（mamasnote.jp）

日本人の常識を変える大きな挑戦です。効果が出るまで時間がかかることですので、一刻も早くできることから着実に始める必要があります。

アクション２　保育と働き方のダイバーシティを高める

　「もう１人産みたいけど、保育園探しは大変だし、仕事しながらの育児は難しいし…」。産み控え第3の要因が、仕事との両立が難しいことです。日本の会社員女性の幸福度が相対的に低い原因の１つが、仕事と育児の両立の難しさから理想の子どもの数を達成できないことだと考えられます。

　両立を実現させるためには、働く時間、日数、場所等の働き方、預けられる場所や時間などの保育のダイバーシティ(多様性)がカギを握ります。

　冒頭で紹介した千葉県流山市の送迎保育ステーションは共働き夫婦のライフスタイルをよく研究した、最も不足するリソースである「時間」を節約できる優れたアイデアです。自宅→保育園→最寄り駅→会社→最寄り駅→保育園→自宅と、保育園に行き帰りで２度立ち寄らないといけないところを、保育園から最寄り駅間を送迎バスでつなぐことで、親は２つの行程を節約できます。

　東京都豊島区、ＪＲ山手線大塚駅前に「RYOZAN

送迎保育ステーション

PARK こそだてビレッジ*」という名の、働くためのオフィス空間と子どもたちが遊ぶ保育空間が併設されたユニークなシェアオフィスがあります。保育士の資格・経験を持つ専属スタッフが常駐していて、仕事に集中したい時間は面倒を見てもらえます。子どもとの時間をできるだけ大切にしながら、仕事にも集中して取り組める、まさに子育てしながら働くための空間です。出産を機に退職し、会社勤め時代に培ったスキルを活かしてフリーランスとして働く女性が増えています。そんな女性のライフスタイルにあった新しいオフィスのカタチです。

　ユニークな取り組みで働き方のダイバーシティを推進している企業もどんどん増えています。
・短時間勤務が前提の「4時間正社員」「6時間正社員」
・勤務日を週3・4・5日から選べる「勤務日数選択制」
・早朝出社に残業代が支払われる「朝残業制度」
・お昼休みをなくして1時間早く帰れる「スルー勤務」
・そもそもオフィスがない「オフィスレス勤務」
・自宅に一旦帰り3時間中休みを取れる「シエスタ制度」
・子どもが体調不良の時には会社に連れて行ける「風邪とともに出社制度」
・仕事重視、生活重視、バランス重視から時期別に働き方を選べる「選択型人事制度」

　働き方のダイバーシティは男性の育児参加、夫婦での育児分担を進めるためにも大切です。
「できるだけ子どもと過ごす時間を増やしたい」
「病気がちな子どもの体調に柔軟に対応できないと困る」
「ライフステージに応じて働き方を変えたい」
　子育て中の夫婦が直面する課題を解決する優れたアイデアが次々と生まれています。

* 東京都豊島区南大3-36-7
南大塚T&Tビル5-7F
(ryozanpark.jp/village)

アクション３　日本型組織の寛容性を高める

　続いては、アクション２とも関連する育児と仕事を両立できる女性を増やすために必要な、日本型組織への提案です。

　クリエイティブ経済の重要性を論じた『クリエイティブ・クラスの世紀』でリチャード・フロリダ教授は、クリエイティブな才能を惹きつけるために欠かせない要件として「寛容性（tolerance）」をあげています*。クリエイティブな人材は、人種、民族、性別、年代、階級、性的嗜好などを超えた様々な人が集う地域や組織に集まり、そこに新たな経済が生まれると述べています。

　日本の会社組織はこの寛容性が低く、多様な人材を受け入れる風土が不足していることは、社員に占める外国人や女性比率を見れば明らかでしょう。

　男性と比べて、女性のキャリア観（キャリアの考え方）は多様です。結婚、出産、育児などのライフステージ、子どもの数・年齢・体調、夫の収入・働き方・転勤の有無・育児への関与度、実家との距離や協力体制など、子育てと仕事を両立させる際に、個人が置かれている状況が一人ひとり細かく異なります。

　男性と全く同様にバリバリ働きたい。女性の特性を活かした仕事をしたい。育児と家庭を優先して働きたい。できれば専業主婦が望ましい。こうした仕事観やジェンダー意識によっても異なります。

　多様なキャリア観の女性を組織に集められること（寛容性が高いこと）、それはその企業のクリエイティビティを高めることにつながるに違いありません。

　日本企業が画期的な商品や事業、すなわちイノベーションを起こすことが近年できていないことは日本の経済界全体の大きな問題です。多様なバックグラウンドとスキルを持つ人材が共に事業を創り上げる共創のプロセ

*リチャード・フロリダ『クリエイティブ・クラスの世紀』（ダイヤモンド社、井口典夫訳、2007年4月）

スがイノベーションには欠かせません*。異なる考えが衝突し、化学反応し、結合・昇華・変異して、イノベーションのアイデアが生まれます。これを会社にこもり、狭いビジネスの世界で生きがちの男性だけで達成するのは至難の技です。

　そこで力を発揮するのが多様なキャリア観を持ち、地域や子どもと向き合う経験豊富な女性たちです（だからといって、「女性プロジェクトチーム」のようなものですと、マミートラックになりがちです）。彼女たちは男性ビジネスマンの弱みを補い、組織に多様性とダイナミズムをもたらす存在です。

　ただし、徹夜で徹底的に議論して企画を出し合う、そんな昔ながらのスタイルではいけません。適切な時間管理と発想法**により、限られた時間で最大の成果を出すワークスタイルをめざすべきです。

　こうしたワークスタイルの実現には、プロジェクトリーダーに高いスキルが求められます（男性の場合が多いでしょう）。ただし、それは女性活用のためのスキルではなく、イノベーションを生み出すための共創のスキルです。育児休暇から復職する女性社員を迎え入れることは、働き方の多様性、組織の寛容性と創造性を高める絶好の機会なのです。

アクション4　「子育て」中心に地域をブランディングする

　地域ブランドというと、有名な観光地や優れた食材など、地域の産業に関するものを連想しがちです。

　最近では、Iターンで全国から続々と若者が集まる「島根県海士町」、高校の体育館をリノベーションした市庁舎を活用し市民との対話を重視する「富山県氷見市」、IT企業のサテライトオフィスで都市住民との交流が生まれている「徳島県神山町」など、ユニークな取り組みで注目

* トム・ケリー＆ジョナサン・リットマン『イノベーションの達人！』（早川書房、鈴木主税訳、2006年6月）他

**　アイデアの発想法は、『ソーシャルデザイン実践ガイド』（英治出版、2013年9月）の「第4章 道を構想する」参照

を集め、定住人口・交流人口の増加につながっているブランド地域が生まれています。

　今後の地域のブランド化の競争軸の1つは間違いなく「子育て」です。「子育てしやすい街」というイメージは、子育て年代の住民の定着を促し、出産を後押しし、移住希望者をひきつけます。人口減少時代の地域にとって、これ以上ない効果が期待できます。

　先述の流山市は「自然の中で子育て」を軸にした「流山」ブランドづくりに注力し、人口増加を実現している1つの例です。2003年に就任した井崎市長*は、東京のベッドタウン以外のイメージが希薄なことに危機感を抱いていました。そこで、流山の知名度をあげ市外から人やお金が流入する街を目指した改革を行いました。マーケティング課を設置し、「共働きの子育て世代」をターゲットとしてまちづくりとPRを刷新。その目玉策の1つが冒頭の「送迎保育ステーション」です。

　鳥取県は「子育て王国とっとり」を宣言し、子育て中心の地域ブランディングに力を入れています。東西に細長い地形のため、どこでも海と山が近く、気候も温暖。東の鳥取空港と西の米子空港と2つの空の玄関口から、東京へのアクセスにも優れています。過去3年で2,000人以上の移住者を受け入れるなど、移住・定住先としての人気が高まっています。

　鳥取県智頭町では、北欧の事例を取り入れた、園舎ではなく一年中屋外で遊ぶ「森のようちえん まるたんぼう**」が注目を集めています。この幼稚園への入園を目的に、東京・大阪・愛知・遠くは海外から移住者が集まるなど大きな成果が出ています。

　地域しあわせ風土調査***によると、都道府県別の「出産・育児支援の施設・制度」の充実度ランキングトップが福井県です。都道府県別の学力テスト、体力テストと

* 井崎義治氏。1954年東京都杉並区生まれ。民間のシンクタンクや大学講師を経て、2003年に流山市町に就任。2011年に3期目の当選を果たす

** 自然体験を重視し、こどもの自主性を尊重して"見守る保育"を徹底して実践。子どもたちは豊かな森全体をフィールドに、自分たちでやりたいこと・行きたい場所を決め自由に過ごす（marutanbou.org）

*** 調査設計はp.147参照

もに全国1位、2位の水準と教育レベルも高く、「子育て・教育王国」としても知られています*。

　福井県は共働き率も全国有数のため、県をあげて仕事と子育て両立のための取り組みに力を入れています。従業員の子ども数を調査し優れた企業を表彰する「企業子宝率」、子ども3人以上の家庭を支援する「ふくい3人っ子応援プロジェクト」、電車やバスでの席を譲るなどママを優先する県民運動「ママ・ファースト運動」など、ユニークな取り組みに熱心です。

　優れた活動実績をもとに、「育児・教育先進県」としてのブランドを築き、全国から教育熱心な家族の移住を促せるポテンシャルを秘めています。

　子育て中心の地域ブランディングを行うにあたって重要なのは、「ママ・ファースト」風土づくりです。ベビーカーで電車に乗ることの是非や、新幹線で泣く子どもへの対応がネット上で議論になることがあるように、日本（特に都市部）は子ども、子育て中の家族への風当たりが強い国です。子連れで海外に行くと、公共空間でサポートしてくれる人に必ず出会います。欧米だけでなく、香港、シンガポール、タイなどでも当たり前のように、子どもを大切にする風土が根ざしています。

　子育てを軸に自治体間競争が激しくなることで、世界に誇れる「ママ・ファースト先進自治体」が日本にどんどん生まれることを願います。

経済的障壁を取り除くために、何が可能か

　「もう1人欲しいけど、教育にお金がかかるからね」。

　経済的な理由で、自分の幸せを犠牲にして、欲しい子どもの数をあきらめるのは残念なことです。

　全体の4割を占める「経済的な理由」。この対策として、国や自治体による出産・育児に対する経済的支援の必要

* 志水宏吉『福井県の学力・体力がトップクラスの秘密』（中公新書ラクレ、2014年10月）

性は様々な有識者が指摘しています。

　この領域の詳細な議論は専門家の方に任せるとして、ここでは先ほどの分析から見えてきた、3人目の出産を後押しする経済支援の効果を報告します。

　p.44で紹介した完結出生児数のデータによると、夫婦の56.2%が最終的に2人の子どもを持っています。56.2%の約半分は3人以上を理想だと考え、その約半分は経済的な理由で諦めています。単純計算では、経済的な制約がなければ13%の夫婦が2人ではなく3人子どもを産むことになります。すると、3人比率は現在の約20%から33%まで上がり、ある地域で夫婦が100組だとすると、13人子どもが増えることになります。

　一方、全体の16%を占める子ども1人夫婦も7割が2人目を産みたいと考えていますが、経済的理由が主な原因の夫婦は3割で、その制約が消えても夫婦100組の町で子どもの数は3.5人の増加にとどまります。

　あくまで調査結果に基づく推計ですが、日本には3人目を産みたいものの経済的理由で断念している夫婦が多数いるのは明らかであり、その経済的支援に力を入れることは、1つの有力な対策だと言えます。

　子どもを産む・産まない、何人産むかは、女性そして夫婦に選択権があります。国や自治体にできることは、選択の幅を広げることです。選択を狭めているのは、地域の保育環境、企業の組織風土、経済的制約、妊娠に関する知識不足など。これらを改善するために、共感を呼び人の気持ちを動かす、そんなデザインの力が役立つことがまだまだたくさんあるはずです。

提言4　ふるさと愛を最大化する

Story

「僕は30歳で海士町の町長になります」
現在、早稲田大学3年生の大脇政人君。彼が生まれ故郷である海士町を18歳で離れる際に言った言葉です。
小学校3年生の時に始まった総合学習の時間では、お父さんの職場である海士町のブランド岩ガキ「春香」の養殖場を見学しに行きました。
「友達とお父さんの職場に行くのが恥ずかしかったけれど、お父さんの漁業の仕事がものすごくカッコよく見えた」とのこと。
小学校6年生の時には学校を代表して、子ども議会の議長に就任。
近所の人やお母さんにヒアリングしたところ、「島に産婦人科がなく、安心して出産できない」という問題を見つけ、出産支援を充実させることを提案しました。
中学校2年生の時に、海士ワゴン(p.171)参加者による出前授業で都市部の若者と一緒につくった夢コラージュで自分の未来の可能性が広がりました。
修学旅行では、東京都国立市にある一橋大学で大学生と国立市民に海士町の産業、自然、歴史、文化を紹介するプレゼンテーションを行いました。
その準備のために、都会の人に海士の魅力を伝えられるよう、町の人たちに海士町の歴史、自然、産業などのことを必死に聞いて回りました。
中学校3年生の時には、海士町総合振興計画づくりのワークショップに参加。
自分の町の未来と政策を考えるという貴重な経験を。
地元の隠岐島前高校進学後は、少子化による入学者減で統廃合の危機にあった高校の魅力化プロジェクトに関わり、自らも高校の進学実績を高めるために勉学に励み、早稲田大学に合格しました。
大学在学中の現在も海士町には頻繁に帰っています。
最近は「一部の役場職員や熱心な住民に頼りすぎていて、このままではまちづくりの持続性がないのでは」と危機感を感じているとのこと。
2015年4月からは大学を休学し、沖縄県久米島の地域おこし協力隊の活動に参加し、海士町以外の離島でのまちづくりの実体験を積みます。
「将来は何らかの形で海士町へ恩返しをしたい」と町への愛は深まるばかりです。

ふるさと愛不足が地域を滅ぼす

　図表4-6は、全国の若年層（20-34歳）の地域への愛着度の有無と移住意向の関係性を表したものです。
　愛着あり層の移住希望率は23.7%ですが、愛着なし層は52.3％と半数を超えます。愛着なし層は5人に1人が1-2年以内と早期の移住を希望しています。もちろん希望しているからといって全員が出て行くわけではありません。希望していなくても進学や仕事の都合で出て行く人はいるでしょう。
　しかし、ふるさと愛は若者の地域外への流出の歯止めとなり、一旦外に出た際にも戻ってくるきっかけとなります。逆に愛情不足は流出を強く後押しするのです。

ここには、何もない

　地域で仕事をしていると、どこの地域でもこの言葉をよく聞きます。自分たちの暮らす地域にはオシャレなお店もなければ、楽しい娯楽施設もなければ、しっかり稼げる職もない。そんな地元を卑下した発言です。
　外から訪問する私からすると、そうは見えません。豊かな大自然が、美しい里山が、そして大抵の地域には実は素敵なカフェや雑貨店まで揃っています。確かに、ディ

図表4-6　地域愛着度と移住意向の関係性（地域しあわせ風土調査 2014*）　　　* 調査設計はp.147参照

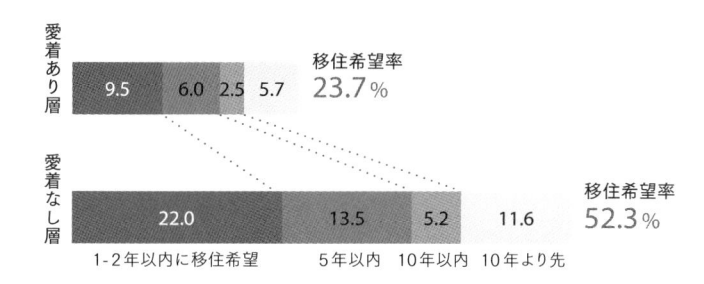

愛着あり層	9.5	6.0	2.5	5.7	移住希望率 23.7%
愛着なし層	22.0	13.5	5.2	11.6	移住希望率 52.3%

1-2年以内に移住希望　　5年以内　10年以内　10年より先

4　提言：人口減少問題へのアプローチ

ズニーランドも、表参道も、東急ハンズもないですが、どこの地域にも、その地域ならではの誇れるものがあふれているのに……。

　大人たちのこの言葉を聞いて育った子どもたちの関心は、次第に東京をはじめとした大都市圏に移っていきます。こうして、高校進学、大学進学、就職という人生の岐路で、地域を離れていくのです。

　若い人がやりたいことの実現や夢を目指して、地域を出ることは素敵なことです。是非応援したいものです。しかし、地域の本当の魅力を知らず、地域に残ること、地域の魅力的な資源を活用した仕事をすることが、進路の選択肢の１つにならないことは、本人にとっても地域にとっても不幸なことです。

仙台出身と名乗る若者たち

　東日本大震災からの復興過程にある宮城県東松島市。日本三景・松島の一部を有する自然豊かな地域です。東日本大震災では市内の住宅の３分の２以上が半壊・全壊するなど、津波の甚大な被害を受けました。

　この市の高校生たちと震災復興関連のイベントで話す機会がありました。「どこ出身なの？」と尋ねると、皆「仙台」と答えました。よくよく話を聞いてみると、「松島のあたり」だと。さらに尋ねて、ようやく、東松島市出身だと教えてくれました。

　私が震災直後に何度も東松島を訪れたことがあることに喜びつつも、地元のことを語りたがらない姿勢が印象的でした。震災の影響もあり、三陸沿岸部の自治体では人口減少が急速に進んでいます。次の時代の地域を支える若者たちが、自信をもって自分の出身地を語れることは、被災地の復興のためにも、人口減少対策のためにも大切なことです。

ふるさと愛構築のためのアクション

　子どもたちのふるさとへの愛は、人口減少の原因の1つである出産適齢女性の地域外への転出を減らし、進学や就職を機に転出した住民の里帰りやUターンを促すために、大きな力を発揮します。

　冒頭で紹介した大脇君は、海士町への深い愛情といずれ戻る決意を胸に18歳で島を旅立ちました。彼が経験した海士町のふるさと教育、および全国各地で行われている事例から、若い世代のふるさと愛を最大化するためのアクションを5つ提言します。

アクション1　地域の仕事を伝える

　自分が暮らす地域にどんな大人がいるのか？　どんな仕事をしているのか？　子どもたちが地域の産業や仕事のことを知る機会はほとんどありません。

　熊本県上天草市の観光振興の仕事をお手伝いしていた時に意外な話を耳にしました。地域内に2店舗の大型産直ショップを経営する、40代前半の若手経営者の方の話です。彼が言うには、アルバイトを募集しても全然集まらないのだそうです。「若い子は天草のことに興味はなく、観光の仕事などには見向きもしない」とのこと。天草といえば、日本人誰もが知っている天草四郎*を生んだ地であり、天草五橋、クルマエビ、天草大王などが著名な九州有数の観光地です。この地域の観光を引っ張る若手リーダーのもとでの仕事です。引く手あまたな気がしますが、全くそうではないようです。

　こうした問題意識から、子どもたちに伝わっていない地域の魅力的な仕事、産業を総合学習の時間に学ぶ、ふるさと教育に熱心に取り組む自治体が増えています。

　加賀藩第二代藩主・前田利長公**に奨励された銅器、

* 江戸初期のキリスト教信者。島原・天草一揆で一揆側の首領となり、90日間の籠城の末、敗死。経歴には諸説あり、詳しいことは不明

** 加賀藩の初代藩主である前田利家の長男。若年より織田信長・豊臣秀吉の下で指揮官として活躍。秀吉死後から江戸幕府成立に至る難局を、明晰な判断で乗り越え、加賀藩の礎を築いた

漆器が伝統産業として盛んな富山県高岡市では、2006年より市内の小中学校、特別支援学校で「ものづくりデザイン科」という授業を行っています。

地元の工芸技術者やデザイン専門家が講師となり、錫のプレート、風鈴、オルゴール、銅鑼などの鋳物、漆器をつくるプログラムです。高岡には高岡工芸高校、富山大学芸術文化学部があるため、このプログラムを通じてデザインやものづくりに興味を持った子どもが地元の高校、大学に進学する流れも生まれています。

兵庫県香美町では2012年より、町をあげて日本一の給食の実現をめざす「ふるさと給食」を推進し、食を通じて地場産業のことを子どもたちに伝える取り組みを行っています。

特産の紅ガニのむき身の「香住ガニご飯」、港で水揚げされた新鮮な「ハマチの照り焼き」などの地域食材を使ったメニューを給食で提供するだけでなく、カニの殻を肥料に使ったコシヒカリ「カニのほほえみ」の米づくり体験、魚のさばき方や郷土料理を学ぶ調理実習など、就学前の園児から小学生、中学生まで、あらゆる年代で体験学習の機会を設けています。

静岡県浜松市では、ハマワクキッズという名の浜松の地場産業を体験できるイベント、いわば浜松版キッザニ

（左から）Community Travel Guide シリーズ。vol.1『海士人』vol.4『大野人』vol.5『銚子人』（英治出版）

アの取り組みを2013年から行っています。

　子どもたちは会場内で様々な仕事を体験してキッズマネーを手に入れます。そのマネーを使って買い物をすることを通じて、経済のしくみを学び、仕事の対価を得る喜びを感じてもらいます。体験できる職種は、自動車の整備、枕の製造、フラワーアレンジメント、畳づくり、はんこ彫刻など50種類以上で、全て地元浜松の企業がプログラムを提供します。

　Community Travel Guideという地域の人とコミュニティを紹介する観光ガイドブックシリーズがあります。この中には観光、農業、ものづくり、商店等、地域で様々な仕事に従事する人の思いや仕事ぶりが紹介されています。福井県大野市ではこの本を観光客誘致に使うだけでなく、市内の小学校、中学校で地域の仕事を伝えるための教育ツールとして使用する動きも見られます。

　10年ほど前に500以上の職業を紹介した『13歳のハローワーク*』という書籍がベストセラーになりました。大人でも知らない職業があることに驚いた記憶があります。地域にどんな仕事があるのか、子どもたちの未来にはどんな可能性があるのかを伝えることは、大人の義務だと言えるでしょう。

＊ 村上龍『13歳のハローワーク』（幻冬舎、2003年12月）

アクション2　行政とまちづくりを体験させる

　自分が暮らす町が今後どうなっていくのか、町の未来に関わるまちづくりや政策に子どもが関われる機会はほとんどありません。大脇君は子ども議会と総合振興計画づくりと2回のまちづくりに参加する機会を得て、海士町への思いを深めていきました。

　子どもが地方行政に参加する機会として、子どもたちが、地域行政について議論、意見交換し、表明をする場、子ども議会という取り組みが1980年代から行われてい

ます。しかし、多くの自治体では、記念行事的な意味合いが強く、継続的に行われるケースは少ないようです。人口減少時代においては、ふるさと教育の一環と位置づけて、本気で実施するべき取り組みです。

　子ども議会以外に、子どもが行政に参加する機会として総合振興計画づくりがあげられます。総合振興計画とは10年に1度つくる、町の中長期ビジョンです。10年後の町をどんな姿にするのか、10年かけて町をどのようにつくっていくのか、町の針路を定める大切な計画です。住民参加により総合振興計画をつくる動きが近年盛んです。その代表例が大脇君も参加した第4次海士町総合振興計画です。海士町の計画づくりには大脇君含めて2人の中学生が参加しました。

　北海道江別市では、2014年度からの第6次総合計画を策定するプロセスに、中学生、高校生、大学生が参加する「えべつ未来中学生・高校生・大学生会議」を組み込みました。特に市内に大学が4つある環境を活かし、総合計画の中の戦略プロジェクトとして「大学が活躍するまちづくり」と掲げるなど、大学生の参加を意識した総合計画づくりに取り組んでいます*。

　岡山県笠岡市の瀬戸内海沖に位置する7つの島で構成される笠岡諸島では、島の将来を担う子どもたちの視点から笠岡諸島の10年後の未来を考える「子ども島づくり会議」を2009年に開催しました。全5回の会議には、計13人の中高生が参加し、10年後の島の未来を議論し、島づくりのアイデアを出し合いました。

　会議の最終回では、子どもたちが大人たちに対して自分たちのアイデアを発表。それを受けて大人たちは子どもの提案を具体化するための「島みらい会議」を開催し、その結果を「子ども笠岡諸島振興計画」という冊子にまとめています**。

* 2011年9月より「えべつ未来中学生・高校生・大学生会議」やアンケート調査などで市民の意見を集め、2013年9月13日に策定。「みんなでつくる未来のまち えべつ」をコンセプトに、その時々の社会経済情勢を踏まえながら推進している

** 山崎亮『コミュニティデザイン』（学芸出版社、2011年4月）

その冊子は次のメッセージから始まり、子どもたちが島に戻れるまちづくりを誓う内容になっています。

拝啓　10年後、笠岡諸島に暮らすあなたへ
10年後の笠岡諸島には、変わらず美しい海と浜がありますか？
10年後、変わらずたくさんの魚はやってきていますか？
（中略）
10年後、私たちの母校はありますか？
10年後、私たちは、どうしたら笠岡諸島が楽しく、素敵な島になるか考えました。
10年後、私たちが、笠岡諸島に帰ることができますように。

アクション3　学校を守り、磨く
　全国各地で少子化を背景に学校の統廃合が行われています。学校の統廃合は地域から子どもが消えるだけでなく、子どもの通学や仕送りなどの経済面から家族ごと街を離れるきっかけにもなります。
　大脇君も中学時代に本土（島根県松江市）の高校に進学する選択肢があったそうです。海士町でも、「1学年1クラスしかない地元の高校では進学指導や学力レベルから大学進学は難しい。本土の高校に通わせたほうがよい」という暗黙の常識があったようです。当時の隠岐島前高校は、少子化と地域内の中学生の進学率低下により、毎年の入学者が30人を切り、統廃合の危機にありました。
　そこで、2008年より大脇君（当時中学3年生）が策定に関わった総合振興計画の最重要アクションプランの1つとして、島前高校魅力化プロジェクトと名づけられた高校改革が始まりました。高校改革の柱は3つです。
　1つ目は大学進学率アップです。「大学進学に不利」と

いう"常識"を覆すために、小規模校であることを強みと捉えなおし、一人ひとりの生徒に手厚い進学指導を行う「特別進学コース」を設置しました。島にはなくて、本土にあるものが塾・予備校です。そこで、高校と連携した公営塾「隠岐國学習センター」を設立しました。大手予備校などでの指導歴を持つ経験豊富な講師を呼び、学校外での学習環境を整えました。この改革の1つの成果が大脇君の早稲田大学進学です。

　2つ目は、次世代の地域リーダーの育成です。「島に戻り、地元を元気にしたい」という愛郷心や地域起業家精神を育成し、次世代の地域を担う地域リーダーを育てる「地域創造コース」を新設しました。島の豊富な資源を活用したまちづくりや商品開発などに取り組みます。その先駆けとして2009年度は全国観光プランコンテスト「観光甲子園」に出場しました。島の一番の魅力は「人」と生徒たちは発見し、観光名所に行くのではなく、「人と出逢い、人間関係を楽しみ、人とのつながりをお土産に持って帰る」というプランを提案し、グランプリを受賞しました。

　3つ目は、地域外からの生徒の確保です。大都市圏の中学生に、海山に囲まれた島ならではの海外留学ならぬ「島留学」を楽しむことを提案し、奨学金制度も設け、都市圏の中学生を積極的に誘致しました。

　地元の学校をつぶしてしまうことは簡単です。しかし、一度なくなった学校は二度と戻りません。志願者が減っている理由を明らかにし、地域ならではの魅力を活かしたプログラムをつくる。地域内からの進学率を高める、地域外からの入学者を集める、この2つの視点から入学者数を増やすことに是非挑戦してもらいたいものです。海士町の事例は、熱意ある関係者の存在でそれが実現可能だということを示しています。

アクション4　外の世界と交える

　子どもたちの生活は狭い世界で完結しがちです。海外旅行をしてはじめて日本の良さがわかるように、外の世界を知らないと、自分の世界のことがわかりません。

　大脇君は中学、高校での、外の世界との交流を通じて成長し、海士町へのふるさと愛を高めていきました。彼も体験した海士町のユニークな取り組みが、海士ワゴンと修学旅行です。

　海士ワゴンとは2006年から始まった都市住民と海士町住民の交流事業です。東京・海士町間のバスを運行し、大学生や若手社会人を海士町に招きます。参加者は町の中学校、高校で講師やファシリテーターとなる「出前授業」を実施します。都市で活躍する近い年代の若者との交流を持つことで、海士の子どもたちに自分の可能性やキャリアを広げてもらうことが目的です。

　もう1つはユニークな修学旅行です。東京への修学旅行というと、ディズニーランド、原宿、秋葉原など都市ならではの娯楽や文化を体験するものになりがちです。海士中学校の修学旅行では、生徒は大学生（当初は一橋大学、現在は複数の大学で実施）と都市住民に対して、地元海士町のことを講義、プレゼンすることが求められます。生徒たちは約40分間、海士町の産業、自然、歴史、文化について説明し、地元に伝わるキンニャモニャ踊り*を披露します。終了後には、地元のスーパーで、パンフレットを配り、呼び込みをしてシロイカやサザエごはんなど地元産品の販売を行うこともあります。

　この講義のための調査、ヒアリング、資料準備の時間を通じて海士町の魅力を再発見します。プレゼン当日には、自分たちが当たり前だと思っていた島での生活に関して、都市住民から思いがけない質問や賞賛を受けるようです。こうして、自分たちでは気づけない海士町の魅

* しゃもじを両手に持って子どもからお年寄りまで踊る、島の宴会の席では必ず披露される民謡

力を新発見し、町への愛を深めていきます。

　京都府北部の中山間エリア、与謝野町に「160通りの進路指導」をうたい、ユニークな教育プログラムで注目を集める高校があります。京都府立加悦谷(かやだに)高校です。地域の職業人を学校に招いて、自分の職業や人生について語ってもらう「地域人授業」、夏休みなどの小学校の学習会に生徒が出向いて児童の学習のお手伝いをする「プラスワンスタディ」、職場で実際に働いている人に影のように寄り添い業務を観察する職業体験プログラム「ジョブシャドウイング」、望遠鏡製作技術者、オリンピックメダリスト、一部上場企業社長、警察官など多種多様な社会人の講演を聞く「キャリア教育講演会」。様々なプログラムを通じて生徒を外の世界とつなげることで、キャリアの可能性を広げることを目的としています。

　外の世界で、刺激を受け成長するとともに、ふるさと愛が深まった若者こそが、これからの地域に最も必要な人材でしょう。

アクション5　同年代の仲間とつなげる

　地域を離れると、地元の仲間とのつながりが薄くなります。年末年始やお盆の時期に帰ることがあっても、わざわざ会うのはごく限られた親しい仲間だけになりがちです。親しい少数の仲間も大切ですが、地域に戻って起業するなど新しい活動を始めるには、ゆるやかなつながりが鍵を握ります。

　米国の著名な社会学者グラノベッター氏*の研究に「弱い紐帯理論」というものがあります。紐帯とは、血縁・地縁・関係など、人と人との結びつきを意味します。親友や家族などの強い紐帯よりも、単なる知り合い関係やたまたま出会った人などの弱い紐帯のほうが、就職・転職・起業等の個人のキャリアを発展させるために効果を

* マーク・グラノベッター。スタンフォード大学社会学部教授。著書に『転職』(ミネルヴァ書房、渡辺深訳、1998年11月)

発揮するという理論です。就職活動を終えた282人に対して、職を得るきっかけになった情報源をヒアリングした調査から立証した研究です。

提言1で紹介した地域コミュニティに支えられた3つのカフェがある福井県大野市では、地元出身の30代の若者たちのつながりから新たな活動がどんどん生まれています。p.124に登場する、家庭の都合で大野に戻って来た若者がたまたま参加して同年代の活躍に驚いたイベントがとんちゃん祭*です。大野のソウルフード、とんちゃん（ホルモン焼き）を愛してやまない若者が集まり、2010年から5年連続開催しています。

その他にも大野の新名物である「醤油カツ丼**」を世界に広めるための世界醤油カツ丼機構（WSKO）、福井の冬の名物詞である水ようかん***とチョコレートのコラボで新しいスイーツ開発に取り組む「ショコラdeようかん」など、同年代の若者同士の交流から地域資源を活用した面白い取り組みが続々と始まっています。

同年代の仲間をつなげるための取り組みに30歳成人式というものがあります。2014年には、神戸・いわき・江別・泉佐野・京丹後・美咲・塩竈などで開催されています。この取り組みは、30歳前後の転出者を減らすためには同世代のネットワークが大切だという考えから、30歳を而立（三十にして立つ）という節目の年と位置づけて2度目の成人式を行う取り組みです。

* 正式名称は越前大野とんちゃん祭。全国のホルモンを集め、競い合う企画。2010年より開催

** 福井県大野市を中心に広がる。卵とじではなく、醤油で味付けされたかつ丼。カツや野菜の素材を活かす醤油タレ、あっさりとした味わいが特徴

*** 水ようかんといえば、一般的には夏の食べ物だが、福井では冬限定のスイーツでこたつの中で食べる文化が定着している。県内100店以上の和菓子屋、洋菓子屋が冬限定で販売している模様

左：とんちゃんを愛でる会のメンバー
右：世界醤油カツ丼機構のメンバー

内容は地域活性化をテーマとしたディスカッションを行ったり、同世代の同郷人での演奏会を催したりと、地域それぞれです。

　また、東京に出てしまった長野県出身の大学生をつなぎ、Uターン就職へとつなげていく取り組みが信州若者1000人会議です。信州を引っ張っているリーダーや企業からの講演会、学生による将来ビジョンに関するプレゼン、色々な信州人と話すための交流会などのプログラムで同世代の信州人同士、信州出身の大学生と地元中小企業をつなげています。

　地元での就職、起業、まちづくり活動への参加。こうした地域に関連する活動へと若者を後押しするのが同年代との広くゆるやかな紐帯です。

　ふるさと愛を高める活動は、幼少期から20-30代まで続く長期にわたる活動です。効果がすぐに出るわけではなく、10年後、20年後につながる地域の地力を高める活動です。しかし、その効果が確実にあることは海士町の事例からも明らかです。

　世界や東京などのグローバルな舞台だけでなく、海士町をはじめとしたローカルな舞台で活躍する若者が続々と生まれています。この流れを加速するために、地域の地力を鍛える活動、ふるさと教育の強化をはじめとした教育のリデザインが必要です。

提言5　非地位財型幸福を まちづくりのＫＰＩに

Story

「絆の強い町にするために、あいさつ運動、声かけ、一斉清掃、最後は大酒宴！」
「小中高生が将来佐川でやりたいことをみつけられるように、まち全体でゲームをしない日、地域の人とコミュニケーションをとる日をつくります！」
「人と人が寄り添いつながりある町にするために、100mごとにベンチ（井戸端会議）をつくります！」
「日本一の文教の町にするために、町全体を独創的な学びの場にします！」
「安心して子どもを産める町にするために産婦人科医師を確保します！」
2015年2月11日。高知県佐川町の町立ホール桜座にて、地域の幸せな未来を考える場「佐川しあわせ会議」が開催されました。
人口1万3,000人の町で参加者はなんと193人。
8人程度ずつ20テーブルに分かれてスタート。まずは、10年後佐川町をどんな町にしたいと思うかを参加者それぞれが一言でシートに記入。
「誰もがイキイキと暮らせる町」「みんなが住んでよかったと思える町」
「となりの人と挨拶ができる町」など、思い思いに「幸せな町の姿」を表現し、テーブル内で共有します。
続いて、それぞれの考えた幸せな町を実現するためのアクションを付箋に書きだしていきます。
「おばあちゃんのレシピを教えてもらう」「趣味やスポーツのグループを増やす」
「ゲストハウスを運営する」「起業チャンスや情報が得られる機会をつくる」‥‥
次から次へとアイデアが飛び出します。
最後は、「○○な町にするために○○します」というフォーマットで、各テーブル30秒ずつ未来へ向けた宣言を発表。冒頭のコメントはその宣言の一部です。
会の後、堀見和道町長は「町民の皆さんの笑顔がたくさん見られて、とても幸せでした。これからも住民の皆さんの力をお借りして、幸せなまちづくりに邁進していきます」と目頭を熱くしました。
想いをもった人がつながり合い、力を合わせる。日本一幸せな町は、きっとすぐそこまで来ています。

まちづくりのゴールって何だろう？

　まちづくりのプロジェクトを実施していると、よく議論になることがあります。
　まちづくり活動のゴールって何だろう？
　まちづくりの成果はどのように測るんだろう？
　つまり、まちづくりの目標設定です。地方自治体が10年に一度策定する総合振興計画（略して、総合計画）というものがあります。自治体の長期的なまちづくりの方針、将来像、その実現のための行動プランを総合的、体系的に示す地方自治体運営の総合指針です。企業で言うところの、経営ビジョンや中長期経営計画のようなものです。この策定プロジェクトでもゴール設定がよく議論になります。営利組織である企業には利益や売上というわかりやすい目標があります。しかし、非営利組織である自治体が目指すべき目標は税収のような経済的な指標ではないはずです。
　総合計画で設定される目標指標の１つが人口です。住民が他の地域に流出せず集まってくる街、子どもをたくさん産み育てられる街、健康に暮らし長生きできる街。そんな街が実現した結果、人口が増えることは素晴らしいことです。しかし、それ以上に忘れてはならないのは、そこで暮らす住民が安心して、快適に、豊かに暮らせること、すなわち地域生活の満足度であり、幸福度です。どんなに人口が増えても、貧困に苦しむ人、不安に感じている人、不幸な人が多ければ意味がありません。
　中長期的には、住民の幸福度が高い街に人は集まり、幸福度が高い街から人は離れないはずです。つまり、地域の人口減少の究極の対策は、住民幸福度を高めることだとも言えるのです。

地位財型幸福と非地位財型幸福

では、幸福、幸せとは何でしょう？　人はどんな時に「自分は幸せだ」と感じるのでしょうか。

慶應義塾大学の前野隆司教授*によると、幸せには2種類あるようです。地位財型幸福と非地位財型幸福です。

地位財型幸福とは、お金が儲かり、モノが手に入り、地位が得られること（金銭欲、物欲、名誉欲などが満たされること）で感じる幸福です。高度経済成長の時代にはこの幸せを求める気運が日本社会を支配していました。

低成長の時代となった現在でも、もちろんこの考え方はまだまだあります。しかし、より重要度を増しているのが非地位財型幸福です。自己実現、成長、つながり、自分らしさといった自分の価値観、感情、ライフスタイルが個人の幸福感につながるという考え方です。最近、お金やモノに固執しない生活を送る人が増えていることは実感できるのではないでしょうか。特にバブル経済が崩壊した1990年代後半以降に社会人になった現在20-30代の若者は経済成長をほとんど経験していません。生まれながらモノがあふれる生活ということもあり、モノやお金への欲望が薄いと言われます。そんな若い世代には非地位財型幸福という考え方は共感されるようです。

* 慶應義塾大学大学院システムデザイン・マネジメント研究科委員長、教授。ロボティクスからイノベーション教育まで、人間に関わる社会・技術デザインの研究に従事。幸福学研究の第一人者。著書に『幸福のメカニズム』（講談社、2013年）他

地位財型幸福と人口減少

お金に代表される地位財型幸福と、結婚・出産・子育てなど人口減少に関連する要因とは、どんな関係があるのでしょうか。

図表4-7（p.178）は47都道府県別の現金給与額**と合計特殊出生率の関係性を表したものです。2つには明ら

** 所得税、社会保険料、組合費、購買代金等を差し引く以前の総額の給与のこと（厚生労働省）

かな負の相関（相関係数−0.540）が見られます。出生率トップの沖縄県の給与額は最下位ですし、続く宮崎、島根、熊本、長崎といずれも給与額では34-46位と下位に位置しています。給与が高いことと出生にはあまり関係がみられないようです。現金給与額と既婚率にはほぼ相関はみられません（相関係数−0.1545）。

第1章でもお金と結婚・出産に関するデータを紹介しました。低年収が結婚の障壁となっているデータはありましたが、子どもの数と年収にはあまり関係性はみられませんでした。逆に年収が高くなると、子どもへの教育投資コストがあがるため、2人目、3人目を控える傾向があるとも言われます。

図表4-7　合計特殊出生率とお金（給与）

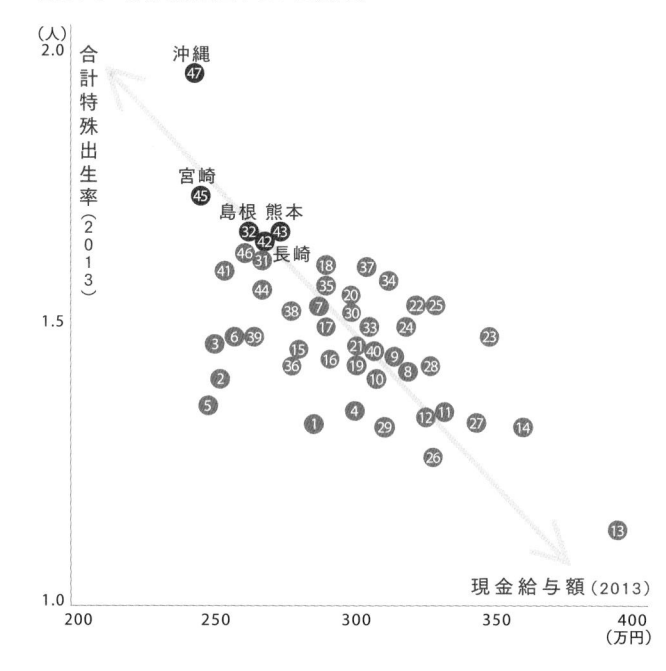

1 北海道	25 滋賀
2 青森	26 京都
3 岩手	27 大阪
4 宮城	28 兵庫
5 秋田	29 奈良
6 山形	30 和歌山
7 福島	31 鳥取
8 茨城	32 島根
9 栃木	33 岡山
10 群馬	34 広島
11 埼玉	35 山口
12 千葉	36 徳島
13 東京	37 香川
14 神奈川	38 愛媛
15 新潟	39 高知
16 富山	40 福岡
17 石川	41 佐賀
18 福井	42 長崎
19 山梨	43 熊本
20 長野	44 大分
21 岐阜	45 宮崎
22 静岡	46 鹿児島
23 愛知	47 沖縄
24 三重	

非地位財型幸福と人口減少

価値観、感情、ライフスタイルなどの非地位財型幸福と人口減少との関係はどうでしょうか？

前野教授の研究によると、非地位財型幸福は4つの因子で構成されます。

1. やってみよう（自己実現と成長）
積極的に学び、新しいことに挑戦し、自分の成長を実感できると、人は幸せを感じる

2. ありがとう（つながりと感謝）
家族、親戚、友人との人間関係に恵まれ、いつも感謝の気持ちをもっていると、人は幸せを感じる

3. あなたらしく（独立とマイペース）
他人の影響を過度に受けず、マイペースで自分らしく行動できると、人は幸せを感じる

4. なんとかなる（前向きと楽観）
失敗にもくよくよせず、常に前向きで楽観的な気持ちで生活できると、人は幸せを感じる

この4指標をベースに、前野教授との共同研究で開発した地域の非地位財型幸福を測るオリジナルの尺度が地域しあわせ風土スコア*です。

図表4-8（p.181）は47都道府県別の女性のしあわせ風土スコアと合計特殊出生率の関係性を表したものです。この2つには相関がみられました（相関係数0.488）。p.147で紹介したように、女性の幸福度は子どもの人数と相関が高く、人数が増えれば増えるほど幸福度があがる傾向が見られます（子どもの数3人の女性の幸福度が最大。4人以上になると若干減少）。

都道府県別の住民の地域愛着度**としあわせ風土スコ

---

* issue+design、慶應義塾大学、博報堂が共同で実施した調査から算出。「住民がどの程度幸せな気持ちを抱いているか」を測る「風」の質問と、「地域がどの程度幸せな気持ちを後押しする価値観が根ざしているか」を測る「土」の質問から算出。調査設計はp.147参照

** 「現在住んでいる都道府県に愛着がある」という質問に、「非常によく当てはまる」「少し当てはまる」と回答した対象者の比率。各都道府県300人が回答

4 提言：人口減少問題へのアプローチ

アの間にも、高い相関が見られました(相関係数0.654)。地域に愛着を感じている人の幸福度は高い、もしくは自分が幸福だと感じている人は地域に愛着を感じるということです。

地域住民の非地位財型幸福度の高さは、住民の地域愛を深め、地域で子どもを産み育てることを後押しするのです。

「子」育ては「幸」育て

市区町村別合計特殊出生率ランキングのトップ10を眺めてみると、九州・沖縄の自治体で独占されています*。

都道府県別の地域しあわせ風土スコアも沖縄、鹿児島、熊本、宮崎とトップ5中4つを九州・沖縄が占めています。

どうやら九州地方には、人が幸せを感じ、子どもをたくさん産む地域を実現するヒントが隠れていそうです。

この市区町村別ランキングの結果について、全自治体中トップの鹿児島県伊仙町の大久保明町長は、「町では、共働き世帯が多いなか、昔の日本社会にあった、地域で子どもを育てる慣習が残り、『子どもは宝』という意識が高いおかげ」との見解を示しています**。

このコメントから、非地位財型幸福と出生に関して2つの示唆があります。

1つは、共働きを支える風土です。提言3で示したとおり、都市部で暮らす会社員女性は子育てと仕事の環境に苦しみ、幸福度が低い傾向にあります。また、女性の幸福度と子どもの数、そして仕事の満足度に相関があったように、子どもを産み育て、イキイキと働けることは、女性の幸福度を高めるのです。

もう1つは、「子どもは宝」と大切にする風土です。

* トップ10自治体スコア
1位 伊仙町(鹿児島県) 2.81
2位 久米島町(沖縄県) 2.31
3位 宮古島市(沖縄県) 2.27
4位 宜野座村(沖縄県) 2.20
5位 対馬市(長崎県) 2.18
6位 徳之島町(鹿児島県) 2.18
7位 金武街(沖縄県) 2.17
8位 石垣市(沖縄県) 2.16
9位 壱岐市(長崎県) 2.14
10位 天城町(鹿児島県) 2.12
(出典:平成19年‐平成24年人口動態保健所・市区町村別統計)

** 奄美新聞 2014年2月14日朝刊

先述したように、国際的に見ると、日本の都市部は子ども、子育て中の家族への風当たりが強い傾向があるようです。しかし、沖縄、鹿児島の離島部などの出生率が高いエリアには、まだまだ「子どもは宝」という風土が残っています。この風土が女性の「やってみよう」「ありがとう」「なんとかなる」という気持ちを呼び、出産を後押しし、その結果が非地位財型幸福度と出生率の数字に表れていると考えられます。

そもそも、子どもを育てるという行為には幸福につながる行動や考え方があふれています。常に新しいことへの挑戦が求められ（やってみよう）、他人への感謝の気持ち（ありがとう）と前向きさ（なんとかなる）が大切で、子ども一人ひとりの違いを受け入れる（あなたらしく）。「子」育てとは「幸」育てそのものなのです。

図表4-8　合計特殊出生率と非地位財型幸福度

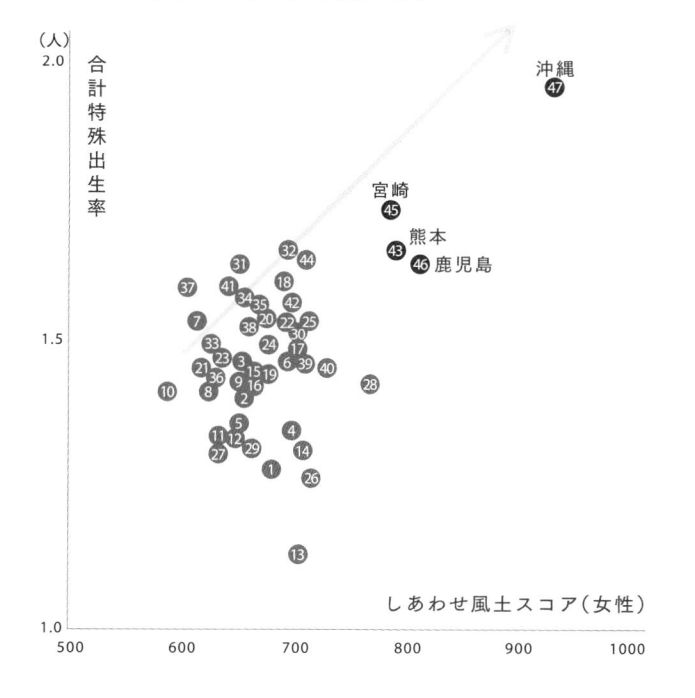

1 北海道	25 滋賀
2 青森	26 京都
3 岩手	27 大阪
4 宮城	28 兵庫
5 秋田	29 奈良
6 山形	30 和歌山
7 福島	31 鳥取
8 茨城	32 島根
9 栃木	33 岡山
10 群馬	34 広島
11 埼玉	35 山口
12 千葉	36 徳島
13 東京	37 香川
14 神奈川	38 愛媛
15 新潟	39 高知
16 富山	40 福岡
17 石川	41 佐賀
18 福井	42 長崎
19 山梨	43 熊本
20 長野	44 大分
21 岐阜	45 宮崎
22 静岡	46 鹿児島
23 愛知	47 沖縄
24 三重	

4　提言：人口減少問題へのアプローチ

非地位財型幸福をまちづくりのＫＰＩに

ＫＰＩ（Key Performance Indicators）とは重要業績評価指標、組織の目標達成の度合いを評価する指標のことです。住民の非地位財型幸福度を自治体の活動、まちづくりの成果を測る指標とすること、その指標にもとづき計画をつくり、実行していくことを提案します。具体的にとるべきアクションは４つあります。

アクション１　幸福を量る「指標づくり」

住民の幸福度を計測するための指標が必要です。その指標をつくる取り組みは全国各地で行われています。熊本県では県民総幸福量（AKH*）と表して、「夢を持っている」「誇りがある」「経済的な安定」「将来的に不安がない」の４分類と計12項目の指標を設定しています。

東京都荒川区では荒川区民総幸福量（GAH**）と表して、「健康・福祉」「子育て・教育」「産業」「環境」「文化」「安全・安心」の６分野46項目を指標とし、荒川区基本構想（2007年３月策定）で提示した将来像「幸福実感都市」の実現にむけた施策や事業を展開しています。

先述の高知県佐川町では、総合計画策定のために、地域しあわせ風土指標（p.179）を用いて、町民幸福度を測定する調査を2014年５月に実施しました。町民の幸福

* Aggregate Kumamoto Happiness

** Gross Arakawa Happiness

図表4-9　全国47都道府県しあわせ風土ランキングと佐川町

順位	都道府県	点数	
１位	沖縄県	834	
２位	鹿児島県	738	佐川町 737.6
３位	熊本県	730	
４位	宮崎県	729.3	
５位	東京都	712.3	

度は全国水準から見ても高く、全国2位の鹿児島県と同水準に位置しています。しかし、指標別に見てみると、「やってみよう」という新しいことを学び、挑戦し、実現することへの意識が低いという結果でした*。

佐川町ではこの調査を定期的に実施しながら、住民の幸福度とまちづくりの効果検証を行っていく予定です。

＊ 佐川町のスコア（全国平均を50とした偏差値）は、やってみよう50.4、ありがとう63.0、なんとかなる58.3、あなたらしく58.0、ほっとする79.1

アクション2　幸福像を示す「ビジョンづくり」

地域ならではの資源、風土、人材を活かした、幸福な未来像、ビジョンを描く必要があります。

島根県邑南町(p.132)は特色のある「農畜産物を活かしたA級グルメの町」を、千葉県流山市(p.159)は「自然の中で子育てできる町」を掲げています。

富山県氷見市では、2014年に1年間かけて行政職員と住民参加でビジョンづくりのワークショップを開催しました。その結果、富山湾の豊富な海洋資源と日本有数の漁港の町、漁村文化を活かした「日本の魚食文化をリードする町」というビジョンを掲げました。

ビジョンは、人が"その町に住みたい"と思えるような個性的かつ魅力的なものである必要があります。「笑顔あふれる快適な街」「自然豊かで安心な街」、こうしたどこにでも当てはまるものでは、住民にビジョン実現に向けたまちづくりに参加してもらうことも、観光客や移住者を呼び込むこともできません。

アクション3　幸福を増やす「計画づくり」

続いて、その自治体独自の幸福指標を高めていくための計画とアクションプランづくりです。

島根県海士町の第4次海士町総合振興計画(2009-2018年)のタイトルは「島の幸福論」です。海士町が目指す幸福の指標を定めたうえで、「ひと：心が満たされる島」、

「産業：手作りのある島」、「暮らし：幸せを実感できる島」「環境：美しい風景を残す島」という4つの理念を定めています。この4つの理念別に全8回の住民ワークショップを行い、住民自らが幸福な島を目指すためのアクションを考えました。そのアクションをまとめて町内の全戸に配布された総合計画の別冊版が秀逸です。

　この別冊は1人でできること（個人単位）、10人でできること（家族・仲間単位）、100人でできること（集落単位）、1,000人でできること（町単位）の4つのパートで構成されています。まちづくりの活動というと、手間や時間が取られる大変なことに思えます。この計画では、「日常のちょっとしたことから町の幸せづくりに関われるんだ」というメッセージが伝わってきます。

　また、町にはキンニャモニャ祭と呼ばれる、しゃもじを振りかざして踊る伝統的なお祭りがあります。そのしゃもじを模したキャラクターが登場するのですが、一つひとつ目鼻立ちや髪型などが異なります。これは、ワークショップに参加してくれた住民の顔を表現したもので、住民にはどれが誰かがわかるようです。町民全員に配布される資料に、自分の顔とともに、自分が提案したアクションが載っているのです。行動せざるをえません。

　熊本県では2012年から県民総幸福量最大化に向けた様々なアクションを実行しています。その活動の一環と

第四次海士町総合振興
計画　別冊

して、「スマイルデザインコンテスト」という県民の笑顔につながる幸せづくりのアイデアや企画を募集し、実現に向けてサポートしていく仕組みをつくりました。コンテストの第1回では、女子高生3人組が提案した東区に集う学生たちによる商店街活性化プロジェクト、「ヒガシクレバ」が最優秀賞に輝きました。学生たちが「学校や教科書では教えてくれないことを自ら学ぶ」をコンセプトに、商店街とコラボした商品開発や自分たちが学びたいことのセミナーを企画するというものです。2014年から活動が具体化し始めています。

アクション4　幸福を連鎖する「場づくり」

「肥満はうつる」という研究で有名な米・ハーバード大学のニコラス・クリスタキス教授*によると、幸せも人から人へと伝染するようです。幸せな人の周りは幸せに、不幸せな人の周りは不幸せになるということです。実生活の経験からも何となくわかります。色々なことに挑戦し、何事にも前向きで、周りに感謝できる、そんな人が周りにいれば、その人の影響を受けて、似たような考え方になり、結果としてその人の幸福度も高まるでしょう。

また、地域しあわせ風土調査**では、人の友人数・所属コミュニティ数と幸福度には明らかな相関関係がありました。友人が多ければ多いほど、コミュニティに所属していればいるほど人は幸せなのです。

* ハーバード大学医学部および教養学部の教授。同大学提携病院の現役の内科医でもある。著書に『つながり』(講談社、鬼澤忍訳、2010年7月)

** 調査設計はp.147参照

図表4-10　友人数と幸福度

友人数	幸福度
0人	339.6
1-4人	500.3
5-9人	613.9
10-19人	686.5
20-29人	784.9
30人以上	**854.3**

友人が多いと幸せであり、幸せな友人から幸せは伝染する。つまり、住民の幸福度を高めるためには、地域に住民同士が出会い、つながり、幸せなこと、楽しいことを語る場が必要だということです。

　冒頭で紹介した佐川町しあわせ会議は、幸せそうな笑顔と前向きなアイデアがあふれる素晴らしい場でした。

　兵庫県神戸市では、2015年3月に「HAPPY×CREATIVE」をテーマに、神戸をより創造的かつ幸せな街にするためのワークショップが開催されました。前野教授の幸福の4因子と街の様々なエレメントを掛け合わせ、神戸の街に幸せを創りだしていこうという取り組みです。「やってみよう×トイレ」「ありがとう×居酒屋」「なんとかなる×地下鉄」……神戸の街に幸福の4因子がどんどん埋め込まれていきました。神戸市では、今後も幸せな人があふれる、創造都市・神戸を実現するためのまちづくりに力を入れていくようです。

　人口減少問題を議論していると必ずついて回るのが、「人口が減ることは問題なのか？」という疑問です。

　確かに、多少の人口減少は日本社会にゆとりをもたらす効果もあります。この疑問が、国全体、地域全体で一枚岩になって人口減少対策に取り組めない理由かもしれません。

　人口を増やすこと、減少を抑えることの是非は意見がわかれても、住民みんながもっと幸せに暮らせる街にすることには異論が少ないでしょう。日本中に多種多様な幸せな街が生まれることこそ、人口減少を克服した先にある日本の幸福な未来像です。

人口減少対策の効果

　この章の最後に、提言した人口減少対策の効果（どの程度減少を抑えることができるのか）を検証します。検証は全国平均より速いペースで人口減少が進む高知県佐川町（グループD　いない産まない型）と日本全体を舞台としました。

　高知県佐川町は20-44歳女性人口比率、同既婚率、合計特殊出生率ともに全国平均を下回り、2060年までに人口は2010年比で半減すると予測されています。

　図表4-11は5つの提言と人口関連指標の関係性を表したものです。提言1-4はそれぞれ転出者数、転入者数、既婚率、夫婦あたり出生数いずれかの改善に直接的につながる提案です。提言5はより包括的な提案で、全ての指標の改善に間接的に関連する提案です。

　そこで、主に提言1-4により、4指標を徐々に改善した結果の2040年、2060年の人口を予測します。

　なお4指標ともに、2030年の目標値を設定し、2015年現在から15年かけて徐々に指標を改善していくことを推計の前提条件としました。

図表4-11　5つの提言と人口減少指標との関連性

		指標1	指標2	指標3	指標4
		若年女性数		既婚率	夫婦あたり出生数
		転出者数	転入者数		
提言1	女性中心の小さな経済をつくる	○	◎	○	○
提言2	縁を深めるローカルシステムを築く			◎	
提言3	会社員女性をハッピーに				◎
提言4	ふるさと愛を最大化する	◎	○		
提言5	非地位財型幸福をまちづくりのKPIに	○	○	○	○

2030年の目標設定

指標①転出者数

地方圏から大都市圏に人口が流出する進学・就職のタイミング、15-29歳男女の転出者数を抑える目標設定です。2014年の住民基本台帳人口移動報告＊によると、高知県佐川町の2014年の15-29歳の転出者数は158人です（図表4-12）。同年代の1割が町を出ます。

この1割のうち、ふるさと愛の向上（提言4）で転出を防げる人数を推計します。

地域しあわせ風土調査＊＊によると、地域への愛着あり層と愛着なし層（「どちらでもない」を含む）では、地元からの転出希望率（「地元から出たい」人の割合）がそれぞれ23.7％と40.1％と異なります。現在64.8％の愛着あり層を75％まで増やすと転出者が5.7％減、90％まで増やすと同14.0％減が可能です＊＊＊。

指標②転入者数（Iターン・Uターン者数）

続いて20-49歳の働き盛り、出産年代の男女の転入者（Iターン者・Uターン者）を増やす目標設定です。

佐川町の2014年の20-49歳の転入者数は222人。同年代の人口の5.8％が他市町村から転入してきます。2030年に向けて転入者数10％増、5％増を目標とします。

＊ 総務省が提供する、住民基本台帳（氏名、生年月日、性別、住所などが記載された住民票を編成したもの）に基づき、国内における人口移動の状況を明らかにする基礎資料

＊＊ 調査設計は p.147 参照

＊＊＊ 愛着あり層64.8％の場合は住民100人あたり29.5人が転出希望者。75％だと27.8人、90％だと25.3人と転出希望者がそれぞれ5.7％、14.0％減る。ここでは転出希望者数減と同割合で転出者数が減ると仮定 なお p.163 図表4-6の愛着なし層の移住希望率52.3％は「どちらでもない」を含まない層の値

図表4-12　転出者数の減少目標

年齢	人口 2010	転出数 2014	転出率	HIGH目標(-14.0%) 転出者数	増減	LOW目標(-5.7%) 転出者数	増減
15-19歳	614	25	4.1%	21.5	-3.5	23.6	-1.4
20-24歳	476	62	13.0%	53.3	-8.7	58.6	-3.5
25-29歳	555	71	12.8%	61.0	-10.0	67.0	-4.0
合計	1,645	158	9.6%	135.8	-22.2	149.0	-9.0

40人学級に新しい同級生を2.5人ずつ招き入れるのが10%目標、1人ずつ招き入れるのが5%目標です。

　13,000人の町全体では10%目標で毎年22人、5%目標で毎年11人の移住者を増やすことを目指す設定です。現実的にどの程度の移住者を受けいれられるかは、町の規模や産業、住宅事情により異なります。状況に応じて目標設定する必要があります。

図表4-13　転入者数の増加目標

	人口	転入者数	転入率	HIGH目標(+10%)		LOW目標(+5%)	
	2010	2014		転入者数	増減	転入者数	増減
20-24歳	476	40	8.4%	44.0	+4.0	42.0	+2.0
25-29歳	555	58	10.5%	63.8	+5.8	60.9	+2.9
30-34歳	600	52	8.7%	57.2	+5.2	54.6	+2.6
35-39歳	723	37	5.1%	40.7	+3.7	38.9	+1.9
40-44歳	688	23	3.3%	25.3	+2.3	24.2	+1.2
45-49歳	779	12	1.5%	13.2	+1.2	12.6	+0.6
合計	3,821	222	5.8%	244.2	+22.2	233.1	+11.1

図表4-14　既婚率の増加目標

年齢	既婚率 2010 佐川町	既婚率 1980 日本	合計特殊出生率	HIGH目標(10-20%アップ) 既婚率	増減	合計特殊出生率	LOW目標(5-10%アップ) 既婚率	増減	合計特殊出生率
15-19歳	0.6%	0.9%		0.6%	0%		0.6%	0%	
20-24歳	10.8%	21.9%		20.8%	+10%		15.8%	+5%	
25-29歳	38.0%	74.5%		58.0%	+20%		48.0%	+10%	
30-34歳	55.0%	88.1%	1.40	75.0%	+20%	1.72	65.0%	+10%	1.56
35-39歳	66.7%	90.3%		76.7%	+10%		71.7%	+5%	
40-44歳	70.7%	89.5%		80.7%	+10%		75.7%	+5%	
45-49歳	74.1%	86.9%		84.1%	+10%		79.1%	+5%	

指標③　既婚率

既婚率の目標値は1980年の日本全体の既婚率を参考に図表4-14 (p.189)のとおり設定しました。

2030年までに20-24歳既婚率を10％、25-34歳を20％、35-39歳以上を10％高める目標と、それぞれその半分の目標（20-24歳既婚率5％増、25-34歳10％増、35-39歳以上5％増）と2種類設定しました。

既婚率のアップにより、合計特殊出生率はHIGH目標1.72、LOW目標1.56まで高まります（図表4-16）。

指標④　夫婦あたり出生数

夫婦あたり出生数の目標値の設定には提言3で用いた、想定子ども人数と理想子ども人数の関係性、その理由のデータを用いました*。

p.149の図表4-3、下の図表4-15で示したように、全夫婦の半数が理想的にはもう1人子どもが欲しいと考えています。理想を実現できない障壁の4割が経済的な理

* 使用したデータ有職女性のみのデータだが、専業主婦を含めて大きな差はないことを前提にこのデータを使用する

図表4-15　夫婦あたり出生数の増加目標

	子ども数比 2010	理想はもう1人 2015	経済的理由 2015	仕事理由 2015	HIGH目標(80%) 子ども数比	LOW目標(50%) 子ども数比
0人（想定していない）	6.4%	44.4%	29.7%	12.0%	5.5%	5.8%
1人	15.9%	73.4%	30.2%	15.6%	12.6%	13.8%
2人	56.2%	48.3%	47.8%	13.5%	47.2%	50.5%
3人以上	21.6%	25.7%	47.1%	13.6%	34.9%	29.9%
全体	100%	49.0%	39.8%	14.0%	100%	100%
完結出生児数	1.96	-	-	-	2.16	2.09
合計特殊出生率	1.40	-	-	-	1.54	1.49

由、4割が年齢・体力的理由、14％が仕事理由（仕事との両立の難しさ）です*。

　100組の夫婦がいる地域だと仮定すると、条件が整えばもう1人子どもが欲しいと考える夫婦が約50組。その障壁は経済的理由が20組、仕事理由が7組です。この27組のうち80％(HIGH目標)もしくは50％(LOW目標)が経済的支援および保育施設・制度や労働環境の整備により、もう1人産む選択をするようになることを2030年の目標と設定しました。この目標を達成できると、この地域では子どもがHIGH目標で22人、LOW目標で14人の子どもが増え、合計特殊出生率はHIGH目標1.54、LOW目標1.49まで高まります。

*　年齢・体力的理由は具体的な対策を講じる事が困難な上、晩婚化との関連性が強いため、この推計では扱わないこととする

図表4-16　人口減少対策による4指標の変化

指標	L／H	基本指標	合計特殊出生率
1 転出者数減	LOW	愛着層64.8％→75.0％・転出者数5.7％減	1.40
	HIGH	愛着層64.8％→90.0％・転出者数14.0％減	1.40
2 転入者数増	LOW	転入者数5％増	1.40
	HIGH	転入者数10％増	1.40
3 既婚率増	LOW	20-24歳＋5％　25-34歳＋10％　35-49歳＋5％	1.56
	HIGH	20-24歳＋10％　25-34歳＋20％　35-49歳＋10％	1.72
4 夫婦あたり出生数増	LOW	経済・仕事理由の50％割克服	1.49
	HIGH	経済・仕事理由の80％克服	1.54
LOW目標達成シナリオ		4指標ともにLOW目標達成	1.66
HIGH目標達成シナリオ		4指標ともにHIGH目標達成	1.89
現状維持シナリオ		対策を講じず、2010年の状況が継続	1.40

人口減少対策による人口抑制効果

高知県佐川町の人口減少抑制効果

　転出者数、転入者数、既婚率、夫婦あたり出生数、この4つの目標達成、指標改善により、佐川町の人口がどう変化するかを見てみます。

　p.194が2010年現在の状況が続いた場合の現状維持シナリオです。2010年の人口13,951人（P指数100）が2060年には7,100人（P指数51）とほぼ半減の見込みです。

　左から2番目の列は、4つの目標をそれぞれ達成することにより、人口減少をどの程度抑制できるかを表したものです。

　転出者数を減らす対策（一番上）により、HIGH目標達成時の2060年P指数は59、LOW目標達成時には54と推計されます。現状維持シナリオの2060年P指数が51ですから、この対策により、2010年人口の3-8%程度（P指数3-8ポイント）人口減少を抑制することが可能だということを意味します。

　転入者数を増やす対策による2060年P指数が54-57、3-6ポイントの人口減少の抑制効果がみられます。

　また、既婚率増の対策による2060年P指数が57-59（6-8ポイントの人口減少抑制効果）、夫婦あたり出生数増の対策による同指数が56-57（5-6ポイントの人口減少抑制効果）という結果です。

　この4つの目標を全て達成した場合のシナリオがp.195です。右は4指標全てHIGH目標を達成した場合です。人口10,200人、P指数73までアップします。22ポイントの人口減少抑制効果があり、人口1万人を維持可能です。

　左は4指標全てLOW目標を達成した場合です。人口8,400人、P指数60までアップ、9ポイントの人口減少抑制効果があります。

4つの指標単独では人口減少抑制効果は最大でも8ポイントに留まりますが、その組み合わせにより地域の人口減少を大幅に抑えられる可能性が見えてきました。

日本の人口減少抑制効果

目標達成により、日本全体の人口減少はどの程度抑えることができるでしょうか？

日本全体では転出者、転入者はゼロ（指標①、指標②は変化なし）と仮定し、指標③既婚率と指標④夫婦あたり出生数の2つが、2030年に向けて改善された場合の2040年、2060年の人口を推計します。

既婚率はHIGH目標、LOW目標、それぞれの達成により、2010年1.40の合計特殊出生率がHIGH目標1.71、LOW目標1.55まで高まり、P指数3-6ポイントの人口減少抑制効果があります。

また、経済的支援および保育施設・制度や労働環境の整備などの、もう1人の出産を促す対策により、合計特殊出生率はHIGH目標1.53、LOW目標1.48まで高まり、P指数1-2ポイントの人口減少抑制効果があります。

既婚率増、夫婦あたり出生数増、この2つの目標達成により、合計特殊出生率はHIGH目標1.89、LOW目標1.66まで高まり、日本の2060年の総人口はHIGH目標シナリオで1億人（P指数78）、LOW目標シナリオで9,300万人（P指数73）と推計されます。

現状維持シナリオが8,700万人（P指数68）ですから、600万-1,300万人（P指数5-10ポイント）の人口減少抑制効果がみられ、何とか1億人前後を維持できる可能性があるという推計です。

高知県佐川町の将来人口推計

現状維持基本シナリオ

2010年　P指数 100
（13,951人）

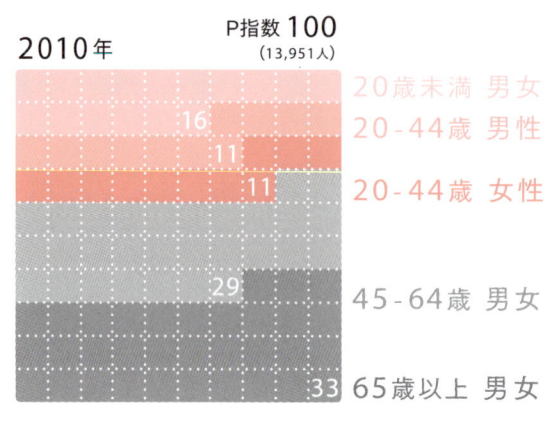

- 16　20歳未満 男女
- 11　20-44歳 男性
- 11　20-44歳 女性
- 29　45-64歳 男女
- 33　65歳以上 男女

2040年　P指数 70
（9,800人）

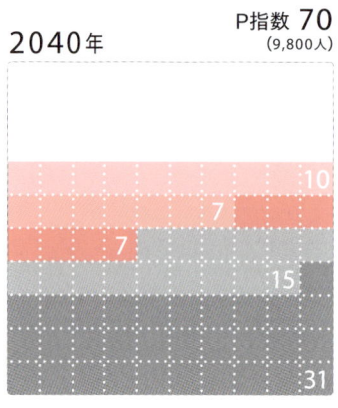

- 10
- 7
- 7
- 15
- 31

2060年　P指数 51
（7,100人）

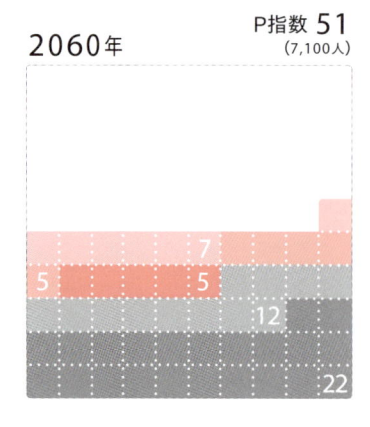

- 7
- 5
- 5
- 12
- 22

目標達成時の 2060年人口

指標① 転出者数減
- High 59　Low 54

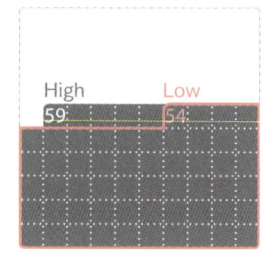

指標② 転入者数増
- High 57　Low 54

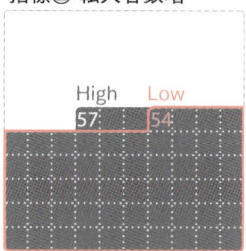

指標③ 既婚率増
- High 59　Low 57

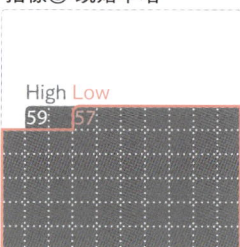

指標④ 夫婦あたり出生数増
- High 57　Low 56

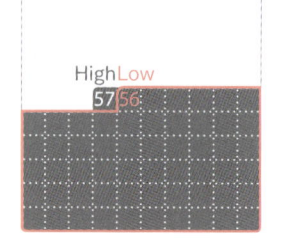

LOW 目標達成シナリオ

2010年　P指数 100
（13,951人）

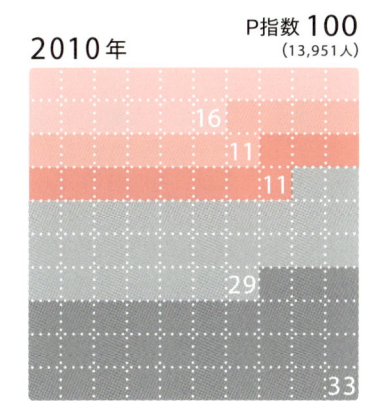

16
11
11
29
33

2040年　P指数 75
（10,500人）

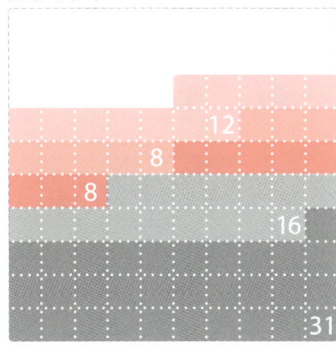

12
8
8
16
31

2060年　P指数 60
（8,400人）

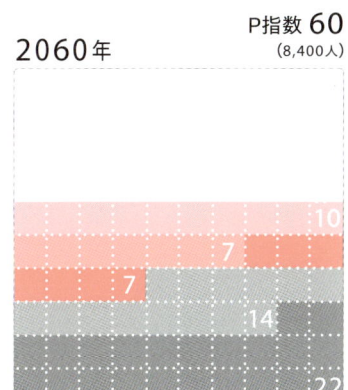

10
7
7
14
22

HIGH 目標達成シナリオ

2010年　P指数 100
（13,951人）

16
11
11
29
33

2040年　P指数 81
（11,400人）

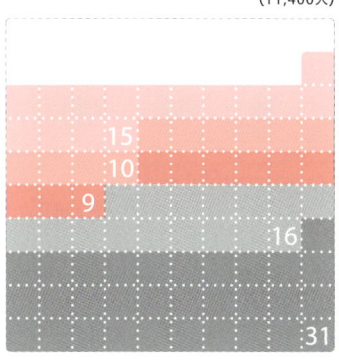

15
10
9
16
31

2060年　P指数 73
（10,200人）

15
9　　9
17
23

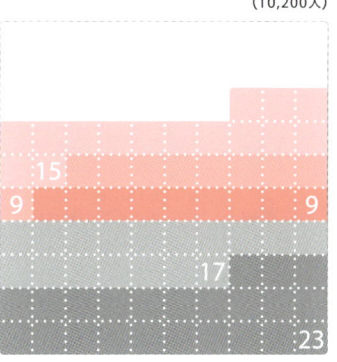

日本の将来人口推計

現状維持基本シナリオ

2010年　P指数 100
（1億2800万人）

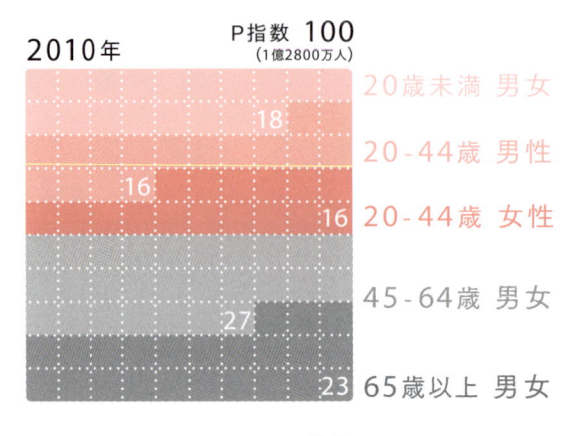

- 18　20歳未満 男女
- 16　20-44歳 男性
- 16　20-44歳 女性
- 27　45-64歳 男女
- 23　65歳以上 男女

2040年　P指数 84
（1億800万人）

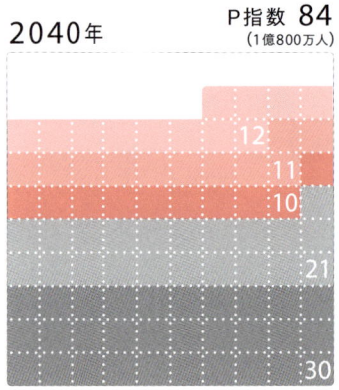

- 12
- 11
- 10
- 21
- 30

2060年　P指数 68
（8,700万人）

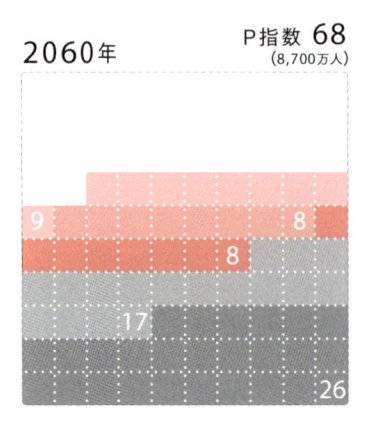

- 9
- 8
- 8
- 17
- 26

目標達成時の2060年人口

指標③ 既婚率増

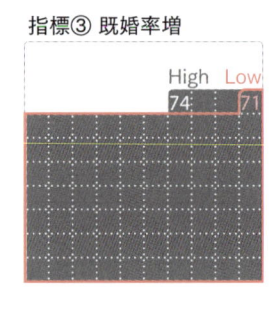

High 74　Low 71

指標④ 夫婦あたり出生数増

High 70　Low 69

LOW 目標達成シナリオ

2010年   P指数 **100** (1億2800万人)

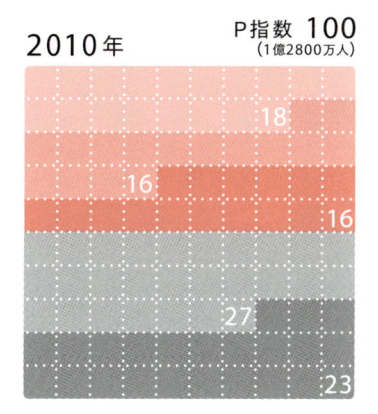

- 18
- 16
- 16
- 27
- 23

2040年   P指数 **86** (1億1,000万人)

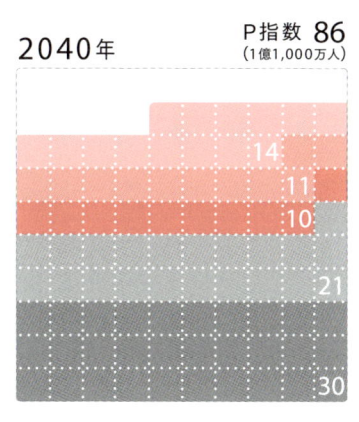

- 14
- 11
- 10
- 21
- 30

2060年   P指数 **73** (9,300万人)

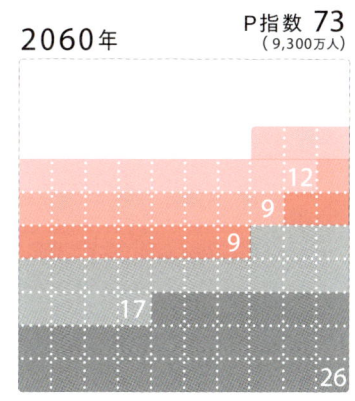

- 12
- 9
- 9
- 17
- 26

HIGH 目標達成シナリオ

2010年   P指数 **100** (1億2800万人)

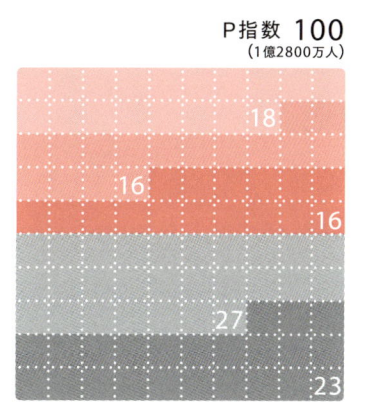

- 18
- 16
- 16
- 27
- 23

2040年   P指数 **88** (1億1,300万人)

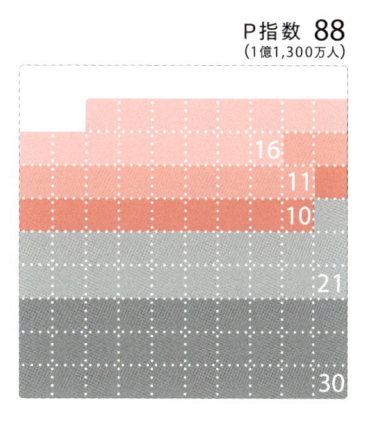

- 16
- 11
- 10
- 21
- 30

2060年   P指数 **78** (1億人)

- 15
- 10
- 10
- 17
- 26

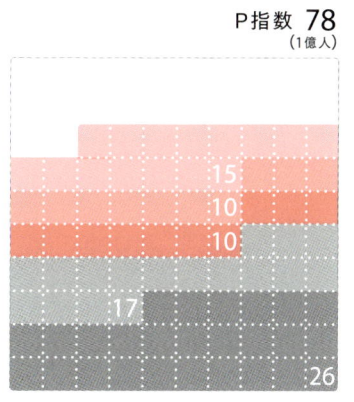

第 5 章

人口減少問題解決の
7 ステップ

人口減少問題とソーシャルデザイン

　最後に、ソーシャルデザインの考え方で人口減少問題の解決に挑むプロセスを紹介します。『ソーシャルデザイン実践ガイド*』では、ソーシャルデザインを次のように定義しています。

＊ 筧裕介『ソーシャルデザイン実践ガイド』(英治出版、2013年9月)

ソーシャルデザインとは
「森の中に道をつくる」活動

社会課題は、鬱蒼とした森のようなもの。
足を踏み入れると出口が見えず、
とらえどころがなく、道に迷うことも多い。
ソーシャルデザインとは、
そんな森に一本の道をつくる活動です。
森を歩き、声を聞き、仲間をつくる。
森の地図を描き、一番必要とされる場所に、
必要な道を、橋を、小屋をみんなでつくる。
それがソーシャルデザインです。

　人口減少問題も他の社会課題同様に複数の要因が絡み合い、先が見通せず何から手をつければ良いかがわかりにくい複雑な問題です。そして、21世紀の日本が直面する最重要、最大の問題だと言えるでしょう。巨大な問題、複雑な問題だからこそ、ソーシャルデザインのアプローチが有効です。次の7つのステップに基づき、地域の仲間とともに、人口減少問題の森に未来へとつながる道をつくりましょう。

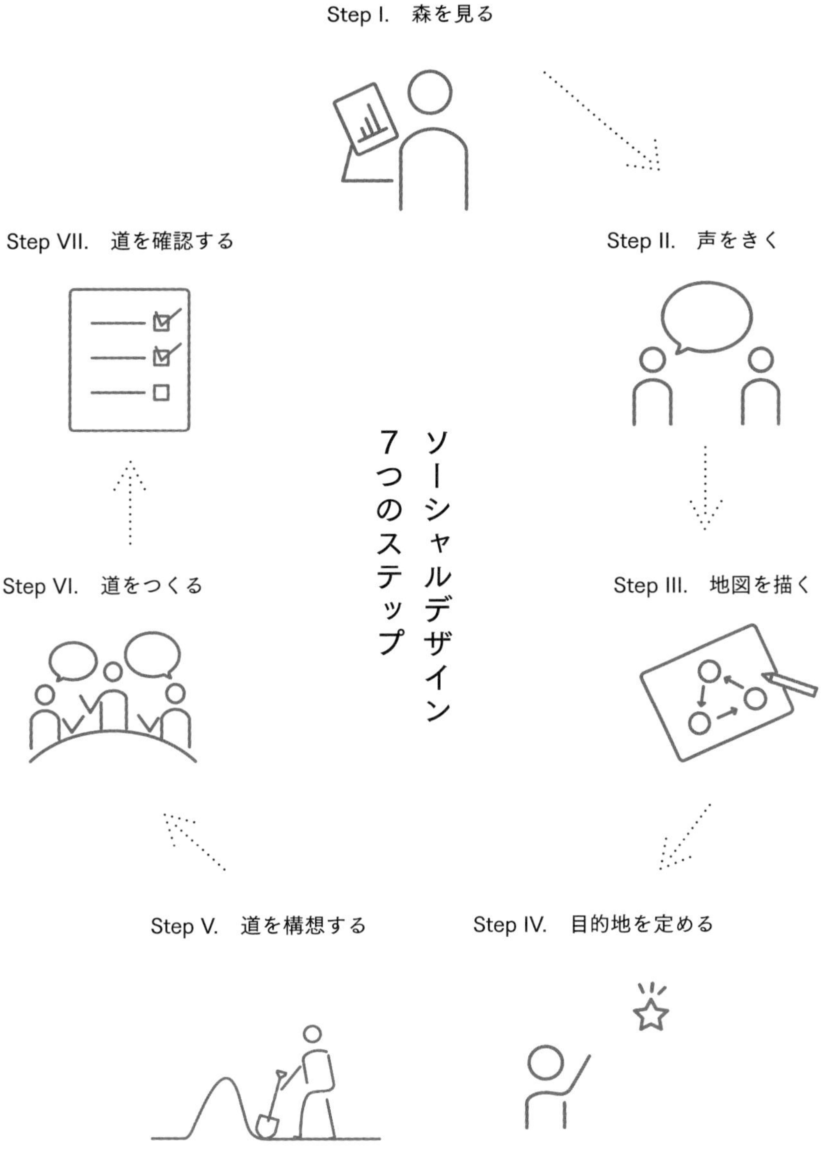

Step I. 森を見る

Step II. 声をきく

Step III. 地図を描く

Step IV. 目的地を定める

Step V. 道を構想する

Step VI. 道をつくる

Step VII. 道を確認する

ソーシャルデザイン７つのステップ

5　人口減少問題解決の7ステップ

Step I.　森を見る

社会課題の森はすべての人の身近にあります。
あなたはきっと森に何らかのイメージを持っているでしょう。
ところが一歩足を踏み入れると、森は想像以上に複雑で、
歩く人を混乱させます。
まず、この森を大きく「知る」ことから始めましょう。
行くことができる範囲を歩き、森を身体全体で感じましょう。
先輩開拓者たちの道のりをたどってみましょう。
ここからソーシャルデザインの旅路は始まります。

　まずはあなたの地域の人口減少問題を大きく俯瞰的に捉えることから始めましょう。この問題を理解するためには、人口、出生率、既婚率、結婚年齢、出産年齢など多面的なデータを眺める必要があります。

　第1章で紹介したように、人口減少に関する様々なデータが公開されています。日本全体のもの、都道府県別のもの、市区町村別のもの、特に皆さんの地域独自の状況を理解するためのデータを重点的に集めましょう。

　データには過去、現在、未来の3種類あります。過去から現在までの変化のデータは今後の未来の方向性を示してくれます。未来を示した将来予測のデータは参考になることも多いですが、その前提条件や予測手法をしっかり確認しましょう。

　第3章の地域別の特徴を分析するために用いた3つの指標(若年女性比率、既婚率、合計特殊出生率)は比較的簡単に手に入り、他の自治体との横並びでの比較や過去から現在までの時系列での分析が可能なため、是非入手してください。

Step II. 声をきく

森には、さまざまな声と活動の気配が満ちています。
森の中に囚われ苦しんでいる人の、
そのサポートのために活動する人の、
小さなため息、嘆きや困惑のつぶやき、励ましの声……
多くの声に耳を傾け、足跡一つひとつをたどり、森の息づかいをつかまえに行きましょう。

　続いて、この問題と関係が深いステイクホルダーの声を聞きましょう。
ステイクホルダーは主に3種類です。
① 子ども（小学生、中学生、高校生）
② 子育て中の家族
③ 独身男女
　子どもたちには、地域愛、移住意向、地域の未来への期待と不安を聞きましょう。地域から出て行く気持ちがありそうな場合はその原因を探りましょう。
　子育て中の家族には、この街で出産・子育てをする際の悩みや課題を聞き取りましょう。
　独身男女のヒアリングは、恋愛や結婚などプライバシーに関する質問をするため、できるだけ気を遣いましょう。子どもや家族は複数人でのヒアリングやワークショップ形式も可能ですが、独身男女は１人ずつリラックスできる環境でヒアリングする必要があります。ある離島の自治体で30代未婚男女のヒアリングをしたことがあります。女性は恋愛・結婚について語るのが好きな人が多いため、たいてい話が盛り上がります。男性は話し下手な人も多いですが、じっくりと話を聞いたところ、結婚しない心理や考え方を話してもらえ、とても有意義なヒアリングになりました。

Step III.　地図を描く

森を歩き、先人の道のりをたどり、多くの声に耳を傾け、森を自分の大切な場所として深く理解したことでしょう。
得られた情報をもとに、これからの旅路を考えましょう。
先へ進むために必要なもの、それは地図です。
地図は、森の現状を1枚の紙の上に見せてくれます。
そして、どの方角へ進めばいいのか教えてくれます。

　人口減少に関する様々なデータを集め、関連する住民の声を丁寧に聞くと、地域の人口減少問題の全体像が段々とつかめてきます。その全体像を1枚の紙に整理しましょう。
　p.116で紹介したマップは日本全体の人口減少の構造を表したものです。このような形で、あなたの地域の人口減少に関連する事実、出来事、環境変化などを書き出し、その要素間の関係性を矢印でつないでいくと、大きな構造がみえてきます。p.116のマップの上に、地域独自の情報や要素、矢印、数字を書き足すのが簡単にできる方法です。
　あなたの地域の現状を示した地図ができると、進むべき方向やとるべき対策がはっきりしてきます。複雑な問題を議論しているとよく道に迷います。何の話をしているのか、議論がどこに向かっているかがわからなくなります。優れた地図は仲間との議論や協力してほしい人へ説明する際の土台になります。
　地図は一旦完成したとしても新しい発見があるたびに更新していきましょう。最後まで必要な、人口減少問題解決の旅の必須アイテムなのですから。

Step IV.　目的地を定める

地図が描けたなら、終着地を決めましょう。
ゴールが見えると、みんなのやる気が高まります。
そこを目指す新しい仲間が加わってくれるかもしれません。
そして、ゴールに向けて、どこに道をつくるべきか見定めましょう。
険しい傾斜に数段の階段があれば、みんなで登れるようになります。
激しい川で隔てられていても、橋があれば渡ることができます。
闇雲に開墾していては、終着地にたどりつきません。
どんな道をつくるかを考える前に、まず「どこに」を考えましょう。

　続いて、Ⅲで作成した人口減少構造マップをもとに、あなたの町が目指すべきゴールを設定しましょう。第4章（p.131、p.183）で紹介したビジョンと同じものです。地域の資源を活かし、課題を克服した先の未来の姿をわかりやすく魅力的な言葉で表現しましょう。
　ビジョンが定まったら、その実現に向けて優先的に取り組むべき課題、イシューを絞り込みましょう。
　イシューはできるだけ具体的に決める必要があります。私たちのプロジェクトでは「○○○のために、何が可能か？」と問いかけるフォーマットを用います。
「廃校の危機にある高校の魅力を磨き、地域外からの入学者を増やすために、何が可能か？」
「地域の女性たちに、一次産業を活用した新しい特産品開発に取り組んでもらうために、何が可能か？」
　どこの誰がどんな状態になることを目指すのかを、具体的な文章で表現する必要があります。
「移住者を増やすために、何が可能か？」
こうした解決すべきポイントが絞り込まれていない曖昧なイシューでは解決策を発想することができません。

Step V.　道を構想する

どこに道をつくるかが決まったならば、
どんな道にするかのアイデアを出しましょう。
仲間とともに、道の構想を練るのはとても楽しい作業です。
どんな道がみんなに求められているのだろう？
自分と仲間の力で、何がつくれるだろう？
仲間とともに知恵を振り絞り、活発な議論を重ね、
みんなのための素晴らしい道のアイデアづくりを始めましょう。

　課題が見えて来たら、解決のアイデアを発想しましょう。ソーシャルデザインのプロセスでは、このアイデアを考える行為を行政・住民一体の場、ワークショップで行います。
　アイデアを発想するというと難しそうに聞こえるかもしれません。基本的にチームワークです。チームで発想するルールと基本的な方法*をしっかり学べば誰にでも簡単にできるものです。みんなで楽しみながら取り組みましょう。
　仲間でアイデアを発想する際のルールは以下3点です。
① 他の人の意見を否定しない
② 意見の便乗、相乗りを歓迎する
③ 課題（目的地）を忘れない
　Ⅳで絞り込んだイシューを解決するアイデアである限りは制約や条件を考えずに自由に発想しましょう。できる、できないもこの時点では全く気にする必要はありません。人口減少問題は10年単位で取り組む中長期のプロジェクトです。今難しくても将来的には実現できる可能性も十分あります。

* 筧裕介『ソーシャルデザイン実践ガイド』（英治出版、2013年9月）の「第6章 道を構想する」を参照

Step VI.　道をつくる

旅はついに最後の段階に入り、
仲間たちと思い描いた道をつくるときがきました。
念入りに計画し、身体を動かし、住民や仲間と確かめあいながら、
一歩一歩アイデアをかたちにしていきます。
思いどおりにいかないこと、変更しなければならないことも多いでしょう。
アクシデントも、トラブルさえも、みんなで楽しみながら進めましょう。

　人口減少対策は移住・定住、雇用、結婚、子育て、教育など多岐にわたり、多くの複合的な対策の積み重ねで結果が出るものです。
　アイデアによってはすぐに実践できるものから、数ヶ月から1年単位で考えるべきもの、3-5年の中長期にわたるものまであるでしょう。
　発想したアクションを時系列で整理したうえで、すぐに始められるものはできる限り早く実践に移しましょう。それが小さなイベントでもアイデアが具体化することで、プロジェクトは前進します。
　実際にやってみると新たな課題が見えてくるでしょう。頭では分かっていたつもりの課題の本質が実は違うところにあることに気づくかもしれません。たとえ失敗してもそれがわかったことが確かな前進です。
　人口減少問題というとどうしても中長期の話になってしまいますが、先のことばかりを考えるとプロジェクトは停滞しがちです。行動に移すこと、やってみることがとにかく大切です。

Step VII. 道を確認する

道をつくる活動は長期にわたります。
がむしゃらにつくり続けていると、その道が正しい方向に向かっているかわからなくなることがあります。
正しく進んでいるかを確認し、ずれがあれば軌道修正しましょう。
障害にぶつかり前に進めない場合は、新たな道を模索しましょう。
道づくりは続けることが何よりも大切です。

『ソーシャルデザイン実践ガイド』には登場しない、新たなステップがこちらです。人口減少問題は人口というわかりやすい指標があり、アクションの効果を検証しやすい課題です。定期的に検証し、効果が見られるアクションは継続し、効果が薄いアクションは改善する、もしくは中止する判断が必要です。定期的な効果検証が、プロジェクトを中長期にわたって継続する鍵をにぎっています。

人口減少問題の効果検証は、以下3領域をKPI*とするのがよいでしょう。

* Key Performance Indicators（重要業績評価指標）

1. 人口関連指標
出生、結婚、転出入、総人口など、人口と直接的に関連する統計調査のデータ

2. 生活指標
子どもたちのふるさと愛、独身男女の結婚意識、子育て世代の子育て環境への満足度等、人口減少と関連する地域住民の生活関連データ

3. 非地位財型幸福度指標
子ども、子育て中の家族、移住者、そして住民全体の感情、価値観、ライフスタイル視点の幸福度

図表5-1　人口減少問題の効果検証指標一覧

評価指標（KPI）	分野	指標の詳細	入手方法
1 人口関連指標	出生指標	合計特殊出生率、年代別出生率	国勢調査他
	結婚指標	年代別婚姻率、婚姻件数	
	転出入指標	年代別転入者数・転出者数、U・Iターン数	
	人口指標	総人口、20-44歳女性人口	
2 生活関連指標	ふるさと愛	地域への愛着度、継続居住意向	自治体 オリジナル 調査
	結婚観	結婚の意思、障害	
	子育て環境	出産の意思、障害	
		地域の子育て環境への満足度	
		所属組織（会社等）の子育て環境への満足度	
3 非地位財型 幸福指標	やってみよう指標 （自己実現と成長）	得意としていることがある	自治体 オリジナル 調査
		何か、目的・目標を持ってやっていることがある	
	ありがとう指標 （つながりと感謝）	人を喜ばせることが好きだ	
		いろいろなことに感謝する方だ	
	あなたらしく指標 （独立とマイペース）	自分と他人をあまり比べないほうだ	
		他人の目を気にせずに、自分がやるべきだと思うことはやる	
	なんとかなる指標 （前向きと楽観）	いまかかえている問題はだいたいなんとかなると思う	
		失敗やいやなことに対し、あまりくよくよしない	
	ほっとする指標 （安全と安心）	現在の暮らしや、自分の将来への不安は少ないほうだ	
		自分は安全な生活を送っていると思う	

おわりに

「日本の人口が減ることは問題なのでしょうか？」
　北海道札幌市の商店街活性化プロジェクトの講演会で、ある70代の女性から投げかけられた質問です。本質的ですごく大切な問いです。人口減少は必ずしも悪いことばかりではありません。20世紀の人口増加が異常で、それが調整されるのは当然のことであり、都市の過密状態が緩和されることなど、メリットも多数あるでしょう。
　しかし、その人口減少のペースがあまりにも急激であること、そして地方圏の減少ペースがさらに激しいことが問題です。大都市圏にこれまで以上に人口が集中し、地方圏の衰退が進むことで、日本が誇るべき自然、景観、文化、産業、暮らしの多様性が損なわれることに大きな危機感を抱いています。
　そのため、私自身の第一の問題意識は地方圏の人口減少対策です。ふるさと教育（提言4）や小さな経済づくり（提言1）により、地方圏からの転出を減らし、大都市圏からのUターン・Iターンを増やす。結婚できる仕組み（提言2）と女性が働き続け育てられる環境（提言3）をつくる。地域ならではの非地位財型幸福を高めるまちづくりを行う（提言5）。
　こうした取り組みの結果、自分らしく働き安心して暮らせる街、誰もが結婚し子どもを産み育てられる街、幸せな生活を送れる街が全国各地にどんどん増えることが、1つの目標です。
　その幸せな街のカタチは地域の資源、課題、何よりも暮らす人々次第で千差万別でしょう。地元が大好きな若い子たちが仲間同士で次々と新しい活動を始める街かもしれません。大都市圏から若い子がどんどん移住して住

みつき起業していく街かもしれません。高齢者が元気で街の子どもたちの育児を請け負い、母が安心して働ける街かもしれません。地域活動を通じて出会いがたくさんあり、カップルがどんどん生まれる街かもしれません。

この地方創生ブームの先に、全国各地にそんな新しい地域生活の幸福モデルが1つでも多く誕生することを願っています。そのために本書が、そして私たちissue+designの活動が少しでも役立つのであれば、これほど嬉しいことはありません。

最後に、この本の執筆にはたいへん多くの方に、お世話になりました。兵庫県神戸市、福井県大野市、高知県佐川町、島根県海士町他、全国各地の自治体の皆様には素晴らしい事例と実践の場を提供頂きました。

英治出版の高野達成氏には、意図が誤解なく伝わるようにと適切なフィードバックを多数頂きました。

水内智英氏のアートディレクションのおかげで本書のわかりやすさが格段にあがりました。デザイナーの川合翔子氏、神谷涼子氏、稲垣美帆氏、リサーチャーの岡本茜氏、田上悦史氏他、issue+designのメンバーには、厳しいスケジュールの中で情報収集、デザイン、編集作業に対応いただきました。その他、issue+design発足以来の多くの方との出会いから得られた経験や知識がなければ、本書の執筆はなしえませんでした。改めて皆様に感謝申し上げます。

最後に、長期にわたる執筆の期間、ずっと支え励ましてくれた妻、出張で留守がちな父を許し常に笑顔で迎えてくれる愛娘に感謝します。

issue+design代表　　筧　裕介

参考文献

書籍・論文・雑誌

- 『奄美新聞』奄美新聞社 2014年2月14日朝刊
- 井徳正吾『江戸時代をふりかえれば明日のビジネスがみえてくる』はまの出版 2003年12月
- 猪熊弘子『「子育て」という政治』角川マガジンズ 2014年7月
- 筧裕介『ソーシャルデザイン実践ガイド』英治出版 2013年9月
- 筧裕介『地域を変えるデザイン』英治出版 2011年11月
- 金丸弘美『実践！田舎力』NHK出版 2013年8月
- 株式会社巡の環『僕たちは島で、未来を見ることにした』木楽舎 2012年12月
- 『月刊ガバナンス』ぎょうせい 2015年2月号
- 小林史麿『産直市場はおもしろい！』自治体研究社 2012年7月
- 志水宏吉『福井県の学力・体力がトップクラスの秘密』中公新書ラクレ 2014年10月
- 『全論点 人口急減と自治体消滅』時事通信社 2015年2月
- 藻谷浩介『デフレの正体』角川oneテーマ21 2010年6月
- 藻谷浩介『しなやかな日本列島のつくりかた』新潮社 2014年3月
- トム・ケリー＆ジョナサン・リットマン『イノベーションの達人！』鈴木主税訳 早川書房 2006年6月
- 中野円佳『育休世代のジレンマ』光文社新書 2014年9月
- 日菓『日菓のしごと 京の和菓子帖』青幻舎 2013年
- ニコラス・クリスタキス『つながり 社会的ネットワークの驚くべき力』講談社 2010年7月
- 広井良典『コミュニティを問いなおす』ちくま新書 2009年8月
- 前野隆司『幸福のメカニズム』講談社 2013年12月
- マーク・グラノベッター『転職―ネットワークとキャリアの研究』ミネルヴァ書房 1998年11月
- 松尾雅彦『スマート・テロワール』学芸出版社 2014年12月
- 松田茂樹『少子化論』勁草書房 2013年4月
- 村上龍『13歳のハローワーク』幻冬舎 2003年12月
- 山崎亮『コミュニティデザイン』学芸出版社 2011年4月
- リチャード・フロリダ『クリエイティブ・クラスの世紀』井口典夫訳 ダイヤモンド社 2007年4月

ウェブサイト

- issue + design「人口減少問題をデザインする」 http://issueplusdesign.jp/jinkogen/
- issue + design「WRITE MORE – 勉強したくなる机」 http://issueplusdesign.jp/writemore/
- issue + design「地域しあわせ風土調査」 http://issueplusdesign.jp/project/local-happiness/

- 伊那・グリーンファーム　http://green-farm.asia
- 一般社団法人親子健康手帳普及協会　http://mamasnote.jp/
- 一般社団法人日本生殖医学会　http://www.jsrm.or.jp/
- 厚生労働省「人口動態調査」　http://www.mhlw.go.jp/toukei/list/81-1.html
- 厚生労働省「人口動態統計」　http://www.e-stat.go.jp/SG1/estat/NewList.do?tid=000001028897
- 厚生労働省「人口動態保健所・市区町村別統計」
  http://www.mhlw.go.jp/toukei/saikin/hw/jinkou/other/hoken14
- 厚生労働省「出生に関する統計」　http://www.mhlw.go.jp/toukei/list/148-17.html
- 厚生労働省「賃金構造基本統計調査」　http://www.mhlw.go.jp/toukei/list/chinginkouzou.html
- 厚生労働省「平成25年版厚生労働白書」　http://www.mhlw.go.jp/toukei_hakusho/hakusho
- 国立社会保障・人口問題研究所「人口統計資料集」
  http://www.ipss.go.jp/syoushika/tohkei/Popular/Popular2015.asp?chap=0
- 国立社会保障・人口問題研究所「日本の将来推計人口」
  http://www.ipss.go.jp/syoushika/tohkei/newest04/gh2401.asp
- 国立社会保障・人口問題研究所「日本の地域別将来推計人口」
  http://www.ipss.go.jp/pp-shicyoson/j/shicyoson13/t-page.asp
- 国立社会保障・人口問題研究所「第14回出生動向基本調査」
  http://www.ipss.go.jp/ps-doukou/j/doukou14_s/doukou14_s.asp
- 国土庁「日本列島における人口分布変動の長期時系列分析」
  http://www.mlit.go.jp/singikai/kokudosin/kaikaku/8/shiryo2sankou.pdf
- しばれフェス　http://shibare.com/
- 素材香房 ajikura　http://sozaikobo-ajikura.com/
- 総務省「国勢調査」　http://www.stat.go.jp/data/kokusei/2015/index.htm
- 総務省「住民基本台帳人口移動報告」　http://www.stat.go.jp/data/idou/3.htm
- 虎ノ門病院産婦人科「周産期医学 vol.21 no.12　母体年齢と流産」
  http://www.mhlw.go.jp/file.jsp?id=147474&name=0000013498.pdf
- 博報堂生活総合研究所「生活定点」　http://seikatsusoken.jp/teiten/
- ふたみシーサイド公園　http://futamiseaside.com/
- 三菱UFJリサーチ＆コンサルティング「両立支援に係る諸問題に関する総合的調査研究」
  http://www.mhlw.go.jp/houdou/2009/09/dl/h0929-1a.pdf
- 森のようちえん まるたんぼう　http://marutanbou.org/
- RYOZANPARK こそだてビレッジ　http://ryozanpark.jp/

執筆	筧　裕介
	1975年生まれ。一橋大学社会学部卒業。東京大学大学院工学系研究科修了（工学博士）。2008年ソーシャルデザインプロジェクトissue+design設立。以降、社会課題解決のためのデザイン領域の研究、実践に取り組む。著書に『ソーシャルデザイン実践ガイド』『地域を変えるデザイン』（いずれも英治出版）、『震災のためにデザインは何が可能か』（NTT出版）など。グッドデザイン・フロンティアデザイン賞（2010）、日本計画行政学会・学会奨励賞（2011）、竹尾デザイン賞（2011）、Biennale Internationale Design Saint-Etienne (2013, 仏)、Shenzhen Design Award (2014, 中国) 他、国内外の受賞多数。
アートディレクション	水内智英
DTP	川合翔子、稲垣美帆、神谷涼子
編集・調査・校閲	岡本茜、馬場麻理子、小菅隆太、白木彩智田上悦史

issue + design

http://issueplusdesign.jp

「社会の課題に、市民の創造力を。」を合言葉に、2008年より活動を開始したソーシャルデザインチーム。行政・市民・大学・企業が参加し、地域・日本・世界が抱える社会課題に対して、デザインの持つ美と共感の力で挑む。阪神・淡路大震災の教訓から生まれた「できますゼッケン」、出産・育児を支える「親子健康手帳」、人との出会いを楽しむ「Community Travel Guide」、ITを活用した勉強したくなる机「Write More」、子どもが楽しみながら避難経路を学ぶARアプリ「ココクル？ZOO」、極寒の北海道を楽しみ尽くすイベント「凍るど！日高（COLD HIDAKA）」など、行政や企業とともに多様なアプローチで地域が抱える課題解決に挑むデザインプロジェクトを多数実施中。

● 英治出版からのお知らせ

本書に関するご意見・ご感想をE-mail（editor@eijipress.co.jp）で受け付けています。
また、英治出版ではメールマガジン、Webメディア、SNSで新刊情報や書籍に関する
記事、イベント情報などを配信しております。ぜひ一度、アクセスしてみてください。
メールマガジン：会員登録はホームページにて
Webメディア「英治出版オンライン」：eijionline.com
X / Facebook / Instagram：eijipress

人口減少×デザイン
地域と日本の大問題を、データとデザイン思考で考える。

発行日	2015年 6月10日　第1版　第1刷
	2024年 4月20日　第1版　第4刷
著者	筧裕介（かけい・ゆうすけ）
発行人	原田英治
発行	英治出版株式会社
	〒150-0022 東京都渋谷区恵比寿南 1-9-12 ピトレスクビル 4F
	電話　03-5773-0193　　　FAX　03-5773-0194
	http://www.eijipress.co.jp/
プロデューサー	高野達成
スタッフ	藤竹賢一郎　山下智也　鈴木美穂　下田理　田中三枝
	平野貴裕　上村悠也　桑江リリー　石﨑優木　渡邉吏佐子
	中西さおり　関紀子　齋藤さくら　荒金真美　廣畑達也
印刷・製本	中央精版印刷株式会社
校正	株式会社ぷれす

Copyright © 2015　Yusuke Kakei
ISBN978-4-86276-211-5　C0030　Printed in Japan

本書の無断複写（コピー）は、著作権法上の例外を除き、著作権侵害となります。
乱丁・落丁本は着払いにてお送りください。お取り替えいたします。

英治出版の本　好評発売中

持続可能な地域のつくり方　未来を育む「人と経済の生態系」のデザイン
筧裕介著

みんなが嬉しい地域づくりはどうすれば可能なのか？　SDGs（持続可能な開発目標）の考え方をベースに、行政・企業・住民一体で地域を変えていく方法をソーシャルデザインの第一人者がわかりやすく解説。（定価：本体2,400円＋税）

ソーシャルデザイン実践ガイド　地域の課題を解決する7つのステップ
筧裕介著

いま注目の問題解決手法「ソーシャルデザイン」。育児、地域産業、高齢化、コミュニティ、災害……社会の抱えるさまざまな課題を市民の創造力でクリエイティブに解決する方法を、7つのステップと6つの事例でわかりやすく解説。（定価：本体2,200円＋税）

地域を変えるデザイン　コミュニティが元気になる30のアイデア
筧裕介監修　issue+design project 著

人口減少、育児、エネルギー、格差……世の中の課題を美しく解決して幸せなムーブメントを起こすソーシャルデザインの実例集。「できますゼッケン」「八戸のうわさ」「親子健康手帳」など、全国各地の画期的な事例を満載。（定価：本体2,000円＋税）

教えない授業　美術館発、「正解のない問い」に挑む力の育て方
鈴木有紀著

ますます求められる「正解のない問いに向き合う力」「主体的に学ぶ力」はどうすれば伸ばせるのか。芸術鑑賞の手法として生まれ、新たな学習スタイルとして様々な分野で導入が広がる「対話型鑑賞」の考え方と実践法をわかりやすく紹介。（定価：本体1,600円＋税）

はじめよう、お金の地産地消　地域の課題を「お金と人のエコシステム」で解決する
木村真樹著

子育て、介護、環境…地域づくりに取り組む人をみんなで応援する仕組みをつくろう。若者たちが始め、金融機関、自治体、企業、大学、そして多くの個人を巻き込んで広がる「地域のお金を地域で生かす」挑戦。（定価：本体1,600円＋税）

地域を変えるミュージアム　未来を育む場のデザイン
玉村雅敏編著

人がつながり、アイデアがひらめき、まちがもっと元気に、クリエイティブになる。そんな場となり、地域と人々にうれしい変化をもたらしているミュージアムがある。各地の革新的なミュージアムをさまざまな視点で紹介し、その魅力と豊かな可能性に迫る。（定価：本体2,200円＋税）

カブーム！　100万人が熱狂したコミュニティ再生プロジェクト
ダレル・ハモンド著　関美和訳

わたしたちに必要なのは、「遊び」と「つながり」だ。100万人以上を巻き込み、2,000以上の遊び場をつくり、地域のコミュニティをよみがえらせてきた驚異の団体「カブーム！」の15年の軌跡を、創設者が初めて語った感動の物語。（定価：本体1,900円＋税）

TO MAKE THE WORLD A BETTER PLACE - Eiji Press, Inc.